CONSCIÊNCIA

Osho

# CONSCIÊNCIA

## A chave para viver em equilíbrio

*Tradução*
DENISE DE C. ROCHA DELELA

Editora
Cultrix
SÃO PAULO

Título do original: *Awareness — The Key to Living in Balance.*

Copyright © 2001 Osho International Foundation — http://www.osho.com

Copyright da edição brasileira © 2003 Editora Pensamento-Cultrix Ltda.

1ª edição 2003.

11ª reimpressão 2019.

Todos os direitos reservados. Nenhuma parte deste livro pode ser reproduzida ou usada de qualquer forma ou por qualquer meio, eletrônico ou mecânico, inclusive fotocópias, gravações ou sistema de armazenamento em banco de dados, sem permissão por escrito, exceto nos casos de trechos curtos citados em resenhas críticas ou artigos de revistas.

Publicado mediante acordo com Osho International Foundation, Bahnhofstr. 52, 8001 Zurique, Suíça. www.osho.com

Capa: "Osho Signature Art" – Arte da capa de Osho.

**OSHO**® é uma marca registrada da Osho International Foundation, usada com a devida permissão e licença.

Quaisquer fotos, imagens ou arte final de Osho, pertencentes à Osho International Foundation ou vinculadas a ela por copyright e fornecidas aos editores pela OIF, precisam de autorização da Osho International Foundation para seu uso.

Direitos de tradução para o Brasil
adquiridos com exclusividade pela
EDITORA PENSAMENTO-CULTRIX LTDA.
Rua Dr. Mário Vicente, 368 – 04270-000 – São Paulo, SP
Fone: (11) 2066-9000
E-mail: atendimento@editoracultrix.com.br
http://www.editoracultrix.com.br
que se reserva a propriedade literária desta tradução.
Foi feito o depósito legal.

Impresso por : Graphium gráfica e editora

# Sumário

Prefácio ..................................................... 7

## PARTE I — A COMPREENSÃO

Capítulo 1. De homens e ratos ..................... 13

Capítulo 2. As raízes do sofrimento .............. 27

Capítulo 3. Mundos particulares .................. 32

Capítulo 4. Consciência e centramento ......... 64

## PARTE II — MUITAS DOENÇAS, UM SÓ REMÉDIO

Capítulo 5. O analista e a testemunha .......... 75

Capítulo 6. Tensão e relaxamento ................ 101

Capítulo 7. Mente e meditação .................... 108

Capítulo 8. O sulco e a roda ....................... 128

## PARTE III — CONSCIÊNCIA EM AÇÃO

Capítulo 9. Comece do centro .................... 143

Capítulo 10. Seja espontâneo ..................... 150

Capítulo 11. Seja decidido ......................... 154

Capítulo 12. Conclua cada momento ........... 159

Capítulo 13. Pare de tentar ser bom ............ 164

## PARTE IV — EXPERIÊNCIAS DE OBSERVAÇÃO

Capítulo 14. Acerte seu relógio com a atemporalidade ... 181

Capítulo 15. O toque invisível ..................... 184

Capítulo 16. Vipassana ............................... 186

Capítulo 17. A virada noturna ..................... 190

Posfácio. Pendurado por um fio ................... 201

# Prefácio

Uma das coisas mais importantes que é preciso entender sobre o ser humano é o fato de que ele está dormindo. Nem enquanto pensa ele está acordado; não, não está. Sua vigília é muito frágil. Ela é tão insignificante que não vale nada. É só um nome bonito mas totalmente vazio.

Você dorme à noite, você dorme de dia — do dia em que nasce até o dia em que morre, você continua mudando seus padrões de sono, mas nunca está de fato acordado. Não banque o tolo achando que está acordado só porque seus olhos estão abertos. A menos que os olhos interiores se abram — a menos que seu interior fique cheio de luz, a menos que você consiga ver a si mesmo, quem você é — não pense que está acordado. Essa é a maior ilusão em que vive o homem. E depois que aceitar isso, você já estará acordado; não será preciso fazer nenhum esforço para se manter assim.

A primeira coisa para guardar no fundo do coração é o fato de que você está dormindo, dormindo mesmo. Você está sonhando, dia após dia. Às vezes está sonhando com os olhos abertos e às vezes com os olhos fechados, mas está sonhando — você *é* um sonho. Você ainda não é uma realidade.

É claro que num sonho nada do que você faça tem sentido. Nada que pense tem utilidade, qualquer coisa que projete continua fazendo parte do sonho e impede que você perceba que está sonhando. Por isso, todos os budas insistiram numa coisa só: desperte! Continuamente, por séculos, todos os ensinamentos deles podiam caber numa única frase: Fique acordado. E eles têm recomendado métodos, estratégias; têm cria-

*8* CONSCIÊNCIA

do contextos e espaços e campos de energia em que você pode levar um choque e acordar.

É isso mesmo, a menos que receba um choque, estremeça nas bases, você não vai despertar. O sono já dura tanto tempo que ele chegou no âmago do seu ser; você está mergulhado nele. Cada célula do seu corpo e cada fibra da sua mente estão cheias de sono. Não se trata de um fenômeno menor. Por isso é necessário muito esforço para ficar alerta, para estar vigilante, para se tornar uma testemunha.

Se todos os budas do mundo concordam com respeito a um único tema, esse tema é o seguinte: o homem, da forma como é, está dormindo, e o homem da forma como deveria ser, deveria estar acordado, desperto. Ficar desperto é o objetivo e é também o gosto, o tempero, de todos os ensinamentos desses budas, Zaratustra, Lao-tsé, Jesus, Buda, Bahauddin, Kabir, Nanak — todos os seres despertos ensinaram sobre um único tema... em diferentes línguas, com metáforas diferentes, embora sua canção fosse a mesma. Assim como o mar tem um gosto salgado — seja ele provado no norte, no leste ou no oeste, o mar sempre tem um gosto salgado —, o "gosto" da condição de buda é estar acordado.

Mas você não fará nenhum esforço se continuar achando que já está acordado. Não haverá motivo para fazer esforço — para quê?

E você criou religiões, deuses, orações, rituais, com base nos seus sonhos — seus deuses fazem mais parte dos seus sonhos do que qualquer outra coisa. Suas políticas fazem parte dos seus sonhos, suas religiões fazem parte dos seus sonhos, sua poesia, suas pinturas, sua arte — qualquer coisa que faça, pelo fato de estar dormindo, você faz de acordo com seu estado mental.

Seus deuses não podem ser diferentes de você. Quem os cria? Quem lhes determina o tamanho, a forma e a cor? Você os cria, você os esculpe; eles têm olhos como você, têm nariz como você — e têm uma mente, tal como você! O Deus do Antigo Testamento diz: — Eu sou um

## PREFÁCIO

Deus muito ciumento! — Agora me diga, quem foi que criou esse Deus que é ciumento? Deus não pode ser ciumento, e se ele for, então o que há de errado em ser ciumento? Se Deus é ciumento, por que você deveria pensar que está agindo mal ao ser ciumento? O ciúme é divino!

O Deus do Antigo Testamento diz: — Eu sou um Deus cheio de ira! Se não seguir meus mandamentos, eu destruirei você. Você será jogado no fogo do inferno pela eternidade. E como eu sou muito ciumento — Deus fala — não vá prestar culto a mais ninguém. Não vou tolerar isso. — Quem criou um Deus assim? Só pode ter sido a partir do seu próprio ciúme, da sua própria ira, que você criou essa imagem. Ela é projeção sua, uma sombra sua. É um eco seu e de mais ninguém. E o mesmo acontece com todos os deuses de todas as religiões.

É por causa disso que Buda nunca falou sobre Deus. Ele disse: — Para que falar de Deus para pessoas que estão dormindo? Elas ouvirão em seu sono. Sonharão com qualquer coisa que se diga a elas e criarão seus próprios deuses — que serão completamente falsos, impotentes e sem sentido. É melhor não ter deuses como esses.

Essa é a razão por que Buda não está interessado em falar sobre deuses. O único interesse dele é despertar você.

Conta-se a respeito de um mestre budista iluminado que estava sentado à margem de um rio numa tarde, apreciando o gorgolejar da água, o som do vento assobiando entre as árvores... Um homem veio e perguntou a ele: — Você pode sintetizar numa única palavra a essência da sua religião?

O mestre permaneceu em profundo silêncio, como se não tivesse ouvido a pergunta. O homem então disse: — Você é surdo ou o quê?

O mestre respondeu: — Eu ouvi a sua pergunta e a respondi também! O silêncio é a resposta. Eu fiquei em silêncio... essa pausa, esse intervalo, foi a minha resposta.

O homem disse: — Não consigo entender uma resposta tão misteriosa. Você não pode ser um pouco mais claro?

Então o mestre escreveu na areia "meditação", com letrinhas pequenas, usando o próprio dedo. O homem disse: — Posso ler agora. Ficou um pouco melhor do que a princípio. Pelo menos eu tenho uma palavra sobre a qual refletir. Mas você não pode deixar um pouquinho mais claro?

O mestre escreveu novamente "meditação". Claro que dessa vez ele escreveu em letras maiores. O homem ficou meio embaraçado, intrigado, ofendido, com raiva. Então disse: — Mais uma vez você escreve meditação? Não pode deixar um pouco mais claro para mim?

E o mestre escreveu em letras ainda maiores, em maiúsculas: "MEDITAÇÃO". O homem disse: — Você parece louco!

O mestre respondeu: — Eu já fui longe demais. A primeira resposta estava certa, a segunda não estava tão certa, a terceira estava ainda mais errada, a quarta já estava completamente errada.

Pois, quando você escreve "MEDITAÇÃO" com letras maiúsculas, você faz dela um deus. É por isso que a palavra "Deus" se escreve com D maiúsculo. Sempre que você quiser fazer de algo uma coisa suprema, definitiva, você escreve com letras maiúsculas.

O mestre disse: — Eu já cometi um pecado. — Ele então apagou todas as palavras que escrevera e disse: — Por favor, ouça minha primeira resposta; só assim sou verdadeiro.

O silêncio é o espaço em que se acorda, e a mente ruidosa é o espaço em que se continua dormindo. Se a sua mente continua tagarelando, você está dormindo. Se, ao se sentar em silêncio, a mente desaparecer e você puder ouvir o chilrear dos pássaros e mente nenhuma dentro de você, só silêncio... esse assobio do pássaro, o gorjeio e nenhuma mente em atividade na sua cabeça, silêncio total... então a consciência brota em você. Ela não vem de fora, ela desperta em você, cresce em você. Do contrário, lembre-se, você está dormindo.

# PARTE I

# A Compreensão

*Eu nunca uso a palavra* renúncia. *Eu digo:* — *Regozije-se com a vida, com o amor, com a meditação, com as belezas deste mundo, com o êxtase da existência* — *regozije-se com tudo! Transforme o mundano em sagrado. Transforme estas paragens em outras paragens, transforme a terra num paraíso.*

*E então, indiretamente, uma certa renúncia começa a acontecer. Mas ela acontece naturalmente, não é você quem a faz. Não é um fazer, é um acontecer. Você começa renunciando à insensatez, renunciando ao lixo. Renunciando aos relacionamentos sem sentido. Renunciando aos trabalhos que não o preenchem. Renunciando aos lugares em que não é possível crescer. Mas eu não chamo isso de renúncia, eu chamo de entendimento, consciência.*

*Se você está carregando pedras na mão achando que são diamantes, não vou lhe dizer para renunciar a essas pedras. Direi simplesmente:* — *Fique atento e olhe direito!* — *Se você mesmo vir que não são diamantes, haverá necessidade de renunciar a elas? Elas cairão das suas mãos por sua espontânea vontade. Na verdade, se você ainda quiser carregá-*

*las, será preciso fazer um grande esforço, será preciso uma enorme força de vontade para continuar carregando-as. Mas você não fará isso por muito tempo; depois que perceber que elas são inúteis, insignificantes, você não hesitará em jogá-las fora.*

*E, depois que suas mãos estiverem vazias, você poderá partir em busca de tesouros verdadeiros. E os tesouros verdadeiros não estão no futuro. Os tesouros verdadeiros estão no agora, aqui mesmo.*

# CAPÍTULO 1

# DE HOMENS E RATOS

*O estado desperto é o caminho para a vida.*
*O tolo dorme como se já estivesse morto,*
*mas o mestre está desperto e vive para sempre.*
*Ele está atento. Está lúcido.*
*Como ele é feliz! Pois vê que o estado desperto é vida.*
*Como ele é feliz, seguindo o caminho dos que despertaram.*
*Com grande perseverança ele medita, em busca de liberdade e felicidade.*

— extraído de *Dhammapada*, de Gautama, o Buda

Continuamos a viver totalmente alheios ao que está acontecendo à nossa volta. Admito que passamos a ser muito eficientes em algumas coisas. Com respeito às coisas que fazemos, passamos a demonstrar tamanha eficiência que não precisamos mais prestar atenção nelas. A coisa ficou mecânica, automática; vivemos como robôs. Não somos homens ainda; somos máquinas.

Era isso que George Gurdjieff costumava dizer muitas e muitas vezes: o homem, da forma que existe, é uma máquina. Gurdjieff ofendeu muitas pessoas, porque ninguém gosta de ser chamado de máquina. As máquinas gostam de ser chamadas de deuses; aí ficam contentes, cheias

## 14       CONSCIÊNCIA

de si. Gurdjieff costumava chamar as pessoas de máquinas e ele estava certo. Se prestar atenção em você mesmo, vai perceber o quanto se comporta mecanicamente.

O psicólogo russo Pavlov e o psicólogo norte-americano Skinner estão 99,9% certos com respeito ao homem: eles acham que o homem é uma belíssima máquina e ponto final. Não existe nenhuma alma nele. Eu disse que eles estão 99,9% certos; só deixam de estar completamente certos por uma margem muito pequena. Essa margem pequena são os budas, os que já despertaram. Mas os psicólogos estão perdoados, afinal, Pavlov nunca cruzou com nenhum buda — cruzou, isto sim, com milhões de pessoas como você.

Skinner estudava os homens e os ratos e não achou nenhuma diferença entre eles. Os ratos são seres simples, só isso; o homem é ligeiramente mais complicado. O homem é uma máquina extremamente sofisticada, os ratos são máquinas simples. É mais fácil estudar os ratos; é por isso que os psicólogos continuam estudando os ratos. Estudam os ratos e chegam a conclusões a respeito dos homens — e as conclusões a que chegam estão quase certas. Eu disse "quase", repare, pois a décima parte de 1% é o fenômeno mais importante que já aconteceu. Buda, Jesus, Maomé — essas poucas pessoas despertas são o verdadeiro homem. Mas onde Skinner vai encontrar um buda? Com certeza, não nos Estados Unidos...

Eu ouvi um homem perguntar a um rabino: — Por que Jesus não preferiu nascer no século XX, nos Estados Unidos?

O rabino deu de ombros e disse: — Nos Estados Unidos? Seria impossível. Onde ele acharia uma virgem, para começar? Depois, onde ele encontraria três homens sábios?

Onde B. F. Skinner iria encontrar um buda? E mesmo que ele encontrasse, seus preconceitos, suas idéias preconcebidas não deixariam que ele o enxergasse. Skinner continuaria enxergando só os seus ratos. Não conseguiria entender nada que os ratos não soubessem fazer. No entanto, ratos não meditam, não se tornam iluminados. E, segundo o conceito de Skinner, o homem é só uma forma ampliada de rato. Ainda assim repito que ele está certo com respeito à grande maioria das pessoas; suas conclusões não estão erradas, e os budas concordariam com ele no que diz respeito à chamada humanidade normal. A humanidade normal está profundamente adormecida. Nem os animais estão tão adormecidos.

Você já viu um cervo na floresta? O quanto ele parece alerta, o quanto parece atento ao andar? Já viu um pássaro pousado numa árvore? Como ele observa com um ar inteligente o que acontece à volta dele? Você caminha na direção do pássaro — até uma certa distância ele permite. Além disso, um passo a mais, e ele voa para longe. O pássaro demonstra que está bem alerta com relação ao seu território. Se alguém invadir esse território, isso representa perigo.

Se olhar em volta, você vai ficar surpreso: o homem parece o animal mais adormecido sobre a terra.

Uma mulher comprou um papagaio no leilão de móveis de um bordel elegante e deixou a gaiola coberta por duas semanas inteiras, esperando que ele esquecesse seu vocabulário profano. Quando a gaiola finalmente foi descoberta, o papagaio olhou em volta e comentou: "Currupaco! Casa nova! Dona nova!" Quando as filhas da mulher chegaram, ele acrescentou: "Currupaco! Garotas novas!" Quando o marido da moça chegou à noite, o papagaio gritou: "Currupaco! Currupaco! Os mesmos clientes de sempre!"

O homem está num estado de total prostração. Na verdade, é esse o significado da parábola cristã da queda de Adão, sua expulsão do

16 CONSCIÊNCIA

paraíso. Por que Adão e Eva foram expulsos do paraíso? Foram expulsos porque comeram do fruto do conhecimento. Foram expulsos porque tinham se tornado *mentes* e perdido a *consciência*. Quando se torna uma mente, você perde a consciência — mente significa sono, mente significa barulho, mente significa mecanicidade. Se você se torna uma mente, perde a consciência.

Por isso, tudo o que você tem a fazer é ficar novamente consciente e perder a mente. Você tem de erradicar do seu sistema tudo o que acumulou sob o título de conhecimento. É o conhecimento que mantém você dormindo; por isso, quanto mais conhecimento uma pessoa tem, mais adormecida ela está.

É isso o que também tenho observado. Aldeões inocentes estão muito mais alertas e despertos do que os doutores nas universidades e os pânditas nos templos. Os pânditas não são nada mais que papagaios; os acadêmicos das universidades estão cheios de nada mais que estrume de vaca sagrada, cheios de bobagens sem sentido — só mentes e nenhuma consciência.

As pessoas que trabalham em meio à natureza — fazendeiros, jardineiros, lenhadores, carpinteiros, pintores — estão muito mais alertas do que pessoas que ocupam cargos de reitor ou de vice-reitor, nas universidades. Pois, quando você trabalha em meio à natureza, a natureza está alerta. As árvores estão alertas; de um jeito diferente, mas estão extremamente alertas.

Já existem provas científicas de que elas estão conscientes. Se o lenhador se aproxima de uma árvore com um machado na mão e com a intenção de cortá-la, todas as árvores que o vêem começam a tremer. Agora a ciência já tem provas disso; não estou falando de uma forma poética, estou falando de ciência. Agora existem instrumentos que mostram se uma árvore está feliz ou infeliz, amedrontada ou tranqüila, triste ou extasiante. Quando o lenhador se aproxima, todas as árvores que

## DE HOMENS E RATOS

constatam sua presença começam a tremer. Elas se dão conta de que a morte está próxima. E o lenhador ainda nem chegou a cortar uma árvore — só está se aproximando...

E mais uma coisa, bem mais estranha — se o lenhador estiver simplesmente passando, sem nenhuma intenção de cortar uma árvore, as árvores não ficam com medo. Trata-se do mesmo lenhador, com o mesmo machado na mão. Parece que a *intenção* que ele tem de cortar é o que afeta as árvores. Isso significa que a intenção dele é compreendida; isso significa que a vibração em si está sendo decodificada pelas árvores.

E um outro fato significativo tem sido observado pela ciência: se você entrar numa floresta e matar um animal, não é só o reino animal em volta de você que começará a tremer, mas as árvores também. Se alguém mata um veado, todos os veados nas proximidades que sentem a vibração do assassino ficam tristes; um grande tremor agita todos eles. De repente ficam todos com medo sem nenhuma razão em particular. Eles podem nem ter visto a pessoa matando o veado, mas de alguma forma, de um jeito sutil, são afetados — instintivamente, intuitivamente. Mas os veados não são os únicos afetados — as árvores são afetadas, os papagaios são afetados, os tigres são afetados, as águias são afetadas, as folhas de grama são afetadas. O assassinato aconteceu, a destruição aconteceu, a morte aconteceu — tudo o que está em volta é afetado. O homem parece ser a criatura mais mergulhada no sono...

Os sutras de Buda têm de ser tema de meditação profunda, assimilados e seguidos. Ele diz:

*O estado desperto é o caminho para a vida.*

Você está vivo na mesma medida em que está acordado. A consciência é a diferença entre a vida e a morte. Você não está vivo só porque está respirando, não está vivo só porque seu coração está batendo. Do ponto de vista fisiológico, você pode ser mantido vivo num hospital, sem nenhuma consciência. Seu coração continuará batendo e você continuará a respirar. Você poderá ficar ligado a uma máquina que o manterá vivo durante anos — respirando, com o coração batendo e o sangue circulando. Existem agora mesmo muitas pessoas em países adiantados do mundo todo que estão apenas vegetando em hospitais, porque uma tecnologia avançada tornou possível que sua morte fosse adiada indefinidamente — durante anos você pode ser mantido vivo. Se isso for considerado vida, então você pode ser mantido vivo. Mas isso não é vida, em absoluto. Vegetar, pura e simplesmente, não é viver.

Os budas têm uma definição diferente. A definição deles consiste na consciência. Eles não dizem que você está vivo porque pode respirar, não dizem que está vivo porque seu sangue está circulando; dizem que está vivo se você está desperto. Portanto, com exceção dos que despertaram, ninguém está realmente vivo. Você é um corpo — andando, falando, fazendo coisas — você é um robô.

O estado desperto é o caminho para a vida, diz Buda. Fique mais acordado e você ficará mais vivo. E vida *é* Deus — não existe outro Deus. Por isso Buda fala da vida e da consciência. A vida é o objetivo e a consciência é a metodologia, a técnica para chegar lá.

*O tolo dorme...*

E estão todos dormindo, portanto, são todos tolos. Não se sinta ofendido. É preciso expor os fatos da maneira como são. Você "vive" dormindo; é por isso que continua andando aos tropeções, fazendo coisas que não quer fazer. Você continua fazendo coisas que decidiu não fazer. Continua fazendo coisas que tem consciência de que não estão certas e não faz as coisas que sabe que estão certas.

Como isso é possível? Por que você não consegue andar em linha reta? Por que continua entrando em becos sem saída? Por que continua se desviando do seu curso?

DE HOMENS E RATOS

Pediram a um jovem, dono de uma bela voz, que atuasse numa das cenas de uma peça, contudo, ele se desculpou, dizendo que sempre ficava embaraçado em tais circunstâncias. Então lhe garantiram que seu papel seria muito simples; ele só teria de dizer "Vim lhe roubar um beijo e voltar para a batalha..." e então sair de cena.

No dia da peça ele já entrou em cena extremamente constrangido com as calças justas até o joelho, de estilo colonial, que o obrigaram a vestir na última hora. O constrangimento virou nervosismo quando ele viu a bela heroína descansando num banco de jardim, à espera dele, usando apenas uma camisola branca. O jovem então limpou a garganta e anunciou: — Vim lhe roubar um queijo... Não! Roubar um beijo! ...E voltar para catá-la... Quer dizer, para a batalha! Ah, que se dane, nunca quis mesmo participar dessa peça maldita...!

É isso o que acontece. Observe a sua vida — tudo o que você continua fazendo é tão confuso, mas tão confuso! Você não tem nenhuma lucidez, não tem nenhuma percepção das coisas. Você não está alerta. Não consegue ver, não consegue enxergar — certamente você tem ouvidos, então é capaz de ouvir, mas não há ninguém aí dentro para entender. Certamente você tem olhos e é capaz de ver, mas não há ninguém aí dentro de você. Então seus olhos continuam enxergando, seus ouvidos ouvindo, mas nada é compreendido. E você tropeça a cada passo, comete um erro a cada passo. E ainda continua achando que está consciente.

Esqueça essa idéia de uma vez por todas. Esquecê-la é um grande avanço, um grande passo, pois, quando esquecer a idéia de que está consciente, você começará a procurar maneiras e meios de ficar consciente. Então a primeira coisa que tem de ficar gravada dentro de você é que você está dormindo, está totalmente mergulhado no sono.

A psicologia moderna descobriu algumas coisas importantes; embora elas tenham sido descobertas apenas do ponto de vista inte-

20                          CONSCIÊNCIA

lectual, já é um bom começo. Se foram descobertas intelectualmente, então, mais cedo ou mais tarde também serão constatadas por meio da experiência.

Freud é um grande pioneiro; claro que não é um buda, mas ainda assim é um homem de grande valor, pois foi o primeiro a fazer com que a maior parte da humanidade aceitasse a idéia de que o homem tem um grande inconsciente oculto dentro dele. A mente consciente é só a décima parte e a mente inconsciente é nove vezes maior do que o consciente.

Seu discípulo Jung foi um pouco mais longe, um pouquinho mais, e descobriu o inconsciente coletivo. Por trás do inconsciente individual existe um inconsciente coletivo. Agora é preciso que alguém descubra mais uma coisa, que existe, e eu espero que mais cedo ou mais tarde as investigações em curso no campo da psicologia venham a descobri-la — estou falando do inconsciente cósmico. Os budas já falaram sobre ele.

Podemos então falar da mente consciente — uma coisinha muito frágil, uma parte muito pequena do seu ser. Por trás do consciente está a mente subconsciente — fraca, você pode ouvir seus sussurros, mas não consegue decifrá-la. Ela está sempre ali, atrás da mente consciente, influenciando-a secretamente. Em terceiro lugar está a mente inconsciente, com que você se depara só durante os sonhos ou quando toma drogas. E, em seguida, a mente inconsciente coletiva. Você só a descobre quando faz uma investigação profunda na sua mente inconsciente; aí você encontra o inconsciente coletivo. E, se for além, mais fundo ainda, você descobre o inconsciente cósmico. O inconsciente cósmico é a natureza. O inconsciente cósmico é o conjunto da humanidade que viveu até hoje; ele faz parte de você. O inconsciente é o seu inconsciente individual que a sociedade reprimiu em você, que não deixaram que se expressasse. Por isso ele chega pela porta dos fundos, na calada da noite, em seus sonhos.

DE HOMENS E RATOS

E a mente consciente... Eu a chamarei de a suposta mente consciente, porque ela é apenas uma suposição. Ela é tão minúscula, um bruxuleio apenas, mas mesmo assim é importante, pois contém a semente; as sementes são sempre pequenas. A mente consciente tem um grande potencial. Uma dimensão totalmente nova agora está se abrindo. Assim como Freud abriu a dimensão que está abaixo da consciência, Sri Aurobindo abriu a que está acima dela. Freud e Sri Aurobindo são as pessoas mais importantes desta era. Ambos são intelectuais, nenhum deles é uma pessoa desperta, mas ambos prestaram um grande serviço à humanidade. Do ponto de vista intelectual, eles nos fizeram tomar consciência de que não somos tão pequenos quanto parecemos na superfície, e de que essa superfície oculta grandes alturas e grandes profundezas.

Freud explorou as profundezas. Sri Aurobindo tentou divisar as alturas. Acima da nossa suposta mente consciente está a verdadeira mente consciente; essa alcançamos apenas por meio da meditação. Quando a sua mente consciente comum se soma à meditação, quando a mente consciente comum é acrescida à meditação, ela se torna a verdadeira mente consciente.

Além da mente consciente verdadeira está a mente superconsciente. Quando está meditando, você tem apenas lampejos. Meditar é tatear no escuro. Tudo bem, algumas janelas se abrem, mas você volta a retroceder várias e várias vezes. Mente subconsciente significa *samadhi* — você atingiu a perceptividade cristalina, conseguiu uma consciência integrada. Agora não há como retroceder — ela já é sua. Nem durante o sono ela deixa você.

Além do superconsciente está o superconsciente coletivo; o superconsciente coletivo é o que conhecemos como "deus" nas religiões. E além do superconsciente coletivo está o superconsciente cósmico, que chega a transcender os deuses. Buda o chama de nirvana, Mahavira o chama de *kaivalya*, os místicos hindus o chamam de *moksha*; você pode chamá-lo de verdade.

Esses são os nove estados do seu ser. Você agora se limita a viver num cantinho do seu ser — a minúscula mente consciente. É como alguém que tivesse um palácio, se esquecesse dele e passasse a viver numa choça — achando que isso é tudo o que tem.

Freud e Sri Aurobindo são grandes figuras da intelectualidade, são pioneiros, filósofos, mas todo o trabalho deles não passa de uma grande conjectura. Em vez de ensinarem aos estudantes a filosofia de Bertrand Russell, de Alfred North Whitehead, de Martin Heidegger, de Jean-Paul Sartre, seria muito melhor se as pessoas aprendessem mais sobre Sri Aurobindo, pois ele é o maior filósofo desta era. Mas ele é totalmente negligenciado, ignorado pelo mundo acadêmico. A razão disso é que ler Sri Aurobindo faz com que você perceba que não tem consciência de nada. E nem mesmo Aurobindo é um buda ainda, embora tenha criado essa situação tão embaraçosa para você. Se ele está mesmo certo, então o que você está fazendo? Então por que você não está explorando os cumes do seu ser?

Freud só foi aceito com muita resistência, mas finalmente acabou conseguindo. Sri Aurobindo nem mesmo foi aceito ainda. Na verdade, ainda não existe sequer oposição a Aurobindo; ele é simplesmente ignorado. E a razão disso é clara. Freud fala de algo que está abaixo de você — que não é tão embaraçoso; você pode se sentir bem sabendo que está consciente e que, abaixo da sua consciência, existe um subconsciente e um inconsciente e um inconsciente coletivo. Mas todos esses estados estão abaixo de você; você está no topo; pode se sentir muito bem. Mas, se estudar Sri Aurobindo, você vai ficar constrangido, ofendido, porque existem estados superiores ao seu — e o ego do ser humano nunca quer aceitar que exista algo superior a ele. O ser humano quer acreditar que esteja no pináculo superior, no clímax, no Gourishankar, no Everest — que não existe nada superior a ele...

E isso parece muito bom — negando seu próprio reino, negando suas próprias alturas, você se sente muito bem. Olhe que estupidez!

Buda está certo. Ele diz: *O tolo dorme como se já estivesse morto, mas o mestre está desperto e vive para sempre.*

O estado desperto é eterno, não conhece morte. Só a inconsciência morre. Portanto, se continua inconsciente, adormecido, você terá de morrer de novo. Se você quer dar um fim a todo esse sofrimento de morrer e nascer, nascer e morrer, se quer dar um fim na roda de nascimento e morte, terá de ficar absolutamente alerta. Você terá de alçar alturas cada vez maiores da consciência.

E essas coisas não vão ser aceitas no nível intelectual; elas têm de se tornar experienciais, têm de se tornar existenciais. Não estou lhe dizendo que você se convencerá disso do ponto de vista filosófico, porque a convicção filosófica não leva a nada, não dá resultado nenhum. O verdadeiro resultado só vem quando você faz um grande esforço para despertar.

Mas esses mapas intelectuais podem criar um desejo, uma ânsia em você; podem fazê-lo tomar consciência do seu potencial, do possível; podem fazê-lo perceber que você não é o que parece ser — você é muito mais do que isso.

*O tolo dorme como se já estivesse morto, mas o mestre está desperto e vive para sempre.*

*Ele está atento. Está lúcido.*

Afirmações simples e belas. A verdade é sempre simples e sempre bela. Basta ver a simplicidade dessas duas sentenças... mas como são profundas! Mundos dentro de mundos, mundos infinitos — *Ele está atento. Está lúcido.*

A única coisa que é preciso aprender é a atenção plena. Fique atento! Atente para cada gesto que faz. Atente para todo pensamento que lhe cruze a mente. Atente para cada desejo que tome conta de você. Fique atento até aos menores gestos — enquanto anda, fala, come ou toma banho. Não pare de observar tudo. Faça com que qualquer coisa seja uma oportunidade para observar.

*24* CONSCIÊNCIA

Não coma mecanicamente, não vá simplesmente se entupindo de comida — fique sempre atento ao que faz. Mastigue bem e preste atenção... e você ficará surpreso ao ver quanta coisa deixou de perceber até agora, pois cada mordida lhe dará uma satisfação tremenda. Se você comer prestando atenção ao que faz, a comida ficará mais saborosa. Mesmo uma comida comum parecerá mais gostosa se você estiver atento; mas, se não estiver, você pode comer o prato mais delicioso do mundo e não sentirá gosto de nada, pois não haverá ninguém ali para saborear. Você vai simplesmente se empanturrar. Coma devagar, com atenção; cada bocado tem de ser bem mastigado, saboreado.

Cheire, toque, sinta a brisa e os raios do sol. Olhe a lua e se torne simplesmente um lago silencioso de atenção total; e a lua se refletirá em você, cheia de beleza.

Viva a vida prestando atenção a tudo à sua volta. Mais de uma vez você perceberá que acabou se distraindo. Não se sinta a última das criaturas por causa disso; é natural. Nos milhões de vidas que viveu, você nunca tentou prestar atenção a tudo; portanto, é natural que viva se esquecendo de fazer isso. Mas, assim que lembrar, volte a ficar atento.

Lembre-se de uma coisa: quando se der conta de que esqueceu de prestar atenção, não se recrimine; do contrário, estará perdendo tempo. Não se lamente dizendo "Esqueci de novo!" Não comece a achar que está cometendo um pecado, nem se condene, pois não vale a pena. Nunca se arrependa do que fez! Viva o presente. Esqueceu-se, e daí? É natural — isso virou um hábito e os hábitos custam a desaparecer. E esses não são hábitos adquiridos ao longo de uma vida; são hábitos que você cultivou por milhões de vidas. Portanto, se conseguir ficar atento por alguns minutos, sinta-se grato por isso. Mesmo esses poucos minutos já são mais do que se poderia esperar.

*Ele está atento. Está lúcido.*

Quando você fica atento, uma lucidez aflora. Por que a atenção faz com que a lucidez aflore? Porque quanto mais atento você fica menos

## DE HOMENS E RATOS

pressa tem. Você fica mais gracioso. Quando está atento, sua mente tumultuada tagarela menos, pois a energia usada para matraquear é canalizada e se transforma em atenção — a energia é a mesma! Agora uma quantidade cada vez maior de energia será transformada em atenção e a mente não receberá o mesmo suprimento de energia. Os pensamentos começarão a ficar mais esparsos, começarão a "perder peso". Pouco a pouco, começarão a definhar. E, quando isso acontece, a lucidez aparece. A sua mente vira um espelho.

*Como ele é feliz!* E quando a pessoa é lúcida, ela é bem-aventurada. A mente tumultuada é a maior causa do sofrimento; a clareza mental é a base da bem-aventurança. *Como ele é feliz! Pois vê que o estado desperto é vida!*

Agora ele sabe que a morte não existe, pois esse estado de despertar não pode ser destruído. Quando a morte vier, você também estará atento a ela. Você morrerá atento — a atenção não morrerá. Seu corpo vai desaparecer, virar pó, mas sua atenção continuará; fará parte da totalidade cósmica. Virará consciência cósmica.

Nesses momentos, os videntes dos Upanixades declaram: — *Aham brahmasmi* — Eu sou a consciência cósmica. — É nesse espaço que al-Hillaj Mansoor anuncia: — *Ana'l haq!* — Eu sou a verdade! — Essas são as alturas, seu direito nato. Se você não reivindicou esse direito ainda, isso é responsabilidade sua e de mais ninguém.

*Como ele é feliz! Pois vê que o estado desperto é vida.*

*Como ele é feliz, seguindo o caminho dos que acordaram.*

*Com grande perseverança ele medita, em busca de liberdade e felicidade.*

Leia essas palavras com muita atenção. *Com grande perseverança...* A menos que você dê tudo de si para despertar, isso não vai acontecer. Não adianta se esforçar só um pouco. Não dá para você ser só mais ou menos, não dá para ficar em banho-maria. Isso não vai dar em nada. Água morna não chega em ponto de fervura nem evapora. O mesmo acontece quando você se esforça apenas um pouco: não consegue nada.

A transformação só acontece quando você investe toda a sua energia nisso. Quando chega ao ponto de fervura, você evapora e a transformação alquímica acontece. Você começa a subir. Nunca percebeu? — a água flui para baixo; o vapor sobe. Aqui acontece o mesmo: o inconsciente desce para as profundezas, a consciência se eleva.

Só mais uma coisa: para cima é o mesmo que para dentro e para baixo é o mesmo que para fora. A consciência vai para dentro, a inconsciência vai para fora. O inconsciente faz com que você se interesse pelos outros — pelas coisas, pelas pessoas, mas sempre pelo que está fora. O inconsciente mantém você na mais completa escuridão; seus olhos continuam focalizados nos outros. Ele cria um tipo de exterioridade, faz com que você fique extrovertido. A consciência cria interioridade. Faz com que fique introvertido; leva você para dentro, cada vez mais fundo.

E cada vez mais fundo também significa cada vez mais alto; isso acontece simultaneamente, assim como a árvore cresce. Você vê a árvore crescendo, mas não vê as raízes se espalhando por baixo da terra. Mas primeiro as raízes têm de se espalhar pelo subterrâneo para que a árvore possa crescer. Se a árvore quiser estender seus galhos na direção do céu, ela terá de fincar raízes muito profundas, quanto mais fundo melhor. As árvores crescem em duas direções ao mesmo tempo. A consciência se desenvolve exatamente da mesma forma, para cima e para baixo, fincando raízes dentro de você.

# CAPÍTULO 2

# AS RAÍZES DO SOFRIMENTO

O sofrimento é um estado de inconsciência. Sofremos porque não estamos conscientes do que fazemos, do que pensamos, do que sentimos — por isso, estamos nos contradizendo o tempo todo. As atitudes vão numa direção, os pensamentos em outra, os sentimentos sabe-se lá para onde. Continuamos a nos estilhaçar, a ficar cada vez mais fragmentados. Isso é que é sofrimento — perdemos a integração, a unidade. Ficamos totalmente sem centro, somos mera periferia. E é claro que uma vida sem harmonia torna-se miserável, trágica, um fardo que temos de carregar de algum jeito, um martírio. O máximo que se pode fazer é aliviar esse sofrimento. E são inúmeros os tipos de analgésico que existem por aí.

Não são só as drogas e o álcool — a chamada religião também tem servido como um ópio. Ela dopa as pessoas. E é claro que todas as religiões são contra as drogas, afinal elas atuam no mesmo mercado; lutam contra a concorrência. Se as pessoas usam ópio, elas podem não ser religiosas; podem não precisar ser religiosas. Já encontraram o ópio, para que se incomodar com a religião? E o ópio é mais barato, exige menos envolvimento. Se as pessoas estão consumindo maconha, LSD e outras drogas mais sofisticadas, elas naturalmente não vão ser religiosas, pois a religião é uma droga muito primitiva. Por isso todas as religiões são contra as drogas.

Não que elas sejam realmente contra as drogas. É que as drogas são concorrentes e, evidentemente, se as pessoas não tiverem acesso às drogas, elas fatalmente cairão nas armadilhas dos padres; não lhes restará outra saída. Essa é uma forma de monopólio, pois só haverá esse tipo de ópio no mercado e tudo o mais será considerado ilegal.

As pessoas vivem sofrendo. Só existem duas formas para escapar disso: praticar meditação — ficar alerta, atento, consciente... o que não é nada fácil. É preciso garra. O jeito mais barato é encontrar algo que deixe a pessoa ainda mais inconsciente do que já está, para que assim ela não consiga perceber a miséria em que vive. Encontre algo que o torne totalmente insensível, alguma coisa tóxica, algum analgésico que o deixe tão inconsciente que você possa mergulhar de cabeça nessa inconsciência e esquecer a ansiedade, a angústia, a falta de sentido.

A segunda opção não é o caminho verdadeiro para se livrar do sofrimento. Ela só faz com que esse sofrimento fique um pouco mais confortável, um pouco mais tolerável, mais conveniente. Mas isso não ajuda em nada — isso não transforma você. A única transformação acontece por meio da meditação, porque esse é o único método que torna você consciente. Para mim, a meditação é a única religião de verdade. Todo o resto é embromação. E existem diferentes combinações de ópio — Cristianismo, Hinduísmo, Maometismo, Jainismo, Budismo —, que não passam de combinações diferentes. A forma é diferente, mas o conteúdo é o mesmo: todos eles ajudam você de alguma forma a se conformar com o sofrimento.

Minha intenção aqui é levar você a superar o sofrimento. Não há por que se conformar com ele; existe uma possibilidade de você se ver livre desse sofrimento. Mas o caminho é um pouquinho mais pedregoso; é um desafio.

## AS RAÍZES DO SOFRIMENTO

Você tem de ficar consciente do seu corpo e do que está fazendo com ele...

Um dia Buda estava em meio a uma das preleções que fazia todas as manhãs quando o rei chegou para ouvi-lo. Ele ficou sentado bem na frente do Buda, mexendo o tempo todo o dedão do pé. Então o Buda parou de falar e olhou para o dedão do rei. Quando ele olhou para o dedão, o rei obviamente parou de mexê-lo. O Buda então voltou a falar e o rei recomeçou a mexer o dedão. O Buda então perguntou ao rei: — Por que está fazendo isso?

O rei disse: — Só quando você pára de falar e olha para o meu dedão é que eu me dou conta do que estou fazendo; se você não olhar, eu não percebo.

O Buda respondeu: — Esse é o seu dedão e você nem se dá conta dele... Quer dizer então que você pode até matar alguém e nem se dar conta disso!

É justamente por isso que pessoas têm sido assassinadas sem que os assassinos sequer se dêem conta disso. Nos tribunais, muitas vezes os acusados negam veementemente que tenham assassinado alguém. No início, o mais comum é que se pense que eles estejam simplesmente mentindo, mas depois descobre-se que não se trata disso; os acusados cometeram o crime num estado de profunda inconsciência. Estavam tão furiosos, com tanta raiva no momento do crime, que foram tomados por essa fúria. E, quando você está furioso, seu corpo produz toxinas que contaminam o sangue. Quando está encolerizado, você é vítima de uma loucura temporária. E a pessoa acaba se esquecendo totalmente disso, porque estava totalmente inconsciente do que fazia. E é assim que as pessoas se apaixonam, matam umas às outras, suicidam-se, fazem todo tipo de coisa.

O primeiro passo para ficar consciente é sempre prestar atenção ao próprio corpo. Bem aos poucos, você começa a ficar atento a cada gesto, a cada movimento. E, à medida que fica consciente, um milagre começa a acontecer: muitas coisas que costumava fazer você simplesmente não faz mais. Seu corpo fica mais relaxado, começa a ficar mais sintonizado, uma paz profunda começa a invadir todo o seu corpo, uma música sutil pulsa dentro de você.

Então você começa a se dar conta dos seus pensamentos — o mesmo tem de ser feito com relação a eles. Os pensamentos são mais sutis que o corpo e, evidentemente, mais perigosos também. Quando se der conta dos seus pensamentos, você ficará surpreso com o que se passa dentro de você. Se tomar nota de tudo o que está passando pela sua cabeça agora, você vai ficar muito surpreso. Não vai nem acreditar — "Estou pensando nisso tudo?" Experimente tomar nota de tudo por dez minutos. Feche as portas, tranque portas e janelas para que ninguém possa entrar, e então seja absolutamente honesto — e vá acendendo logo o fogo para que possa queimar esse papel! — assim ninguém mais ficará sabendo o que você pensa. Mas seja bem honesto; escreva tudo o que passar pela sua cabeça. Não interprete nada, não mude nada, não comece a pôr nada em ordem. Simplesmente coloque os pensamentos no papel da forma como eles vierem, sem mudar uma palavra.

E, depois de dez minutos, leia o que escreveu — você verá que existe uma mente insana aí dentro! Você não se dá conta de toda essa loucura que passa continuamente pela sua mente como uma corrente subterrânea. Essa loucura afeta tudo o que é importante na sua vida. Ela afeta qualquer coisa que você faça; afeta qualquer coisa que deixe de fazer, afeta tudo. E a soma total disso tudo vai ser a sua vida!

Portanto, esse louco precisa mudar. E o milagre da consciência consiste no fato de que você não precisa fazer nada a não ser tomar consciência. O próprio fenômeno de observar esse louco vai fazer com que ele mude. Muito lentamente, esse louco dentro de você desaparece. Bem devagar, os pensamentos começam a seguir um certo padrão: esse caos deixa de ser um caos e torna-se mais um cosmo. E, então, mais uma vez prevalece uma profunda paz.

E, quando o seu corpo e a sua mente estiverem em paz, você verá que eles também entram em sintonia; surge uma ponte. Agora eles não correm mais em direções opostas, não cavalgam cada um no seu cavalo. Pela primeira vez na vida, existe um acordo, e esse acordo é extremamente útil para que se dê o terceiro passo, ou seja, tomar consciência dos sentimentos, das emoções e dos estados de ânimo. Essa é a camada mais sutil e mais difícil, mas, se você conseguir tomar consciência dos seus pensamentos, só faltará mais um passo. É preciso uma consciência um pouco maior quando você começa a refletir sobre seus estados de ânimo, suas emoções, seus sentimentos.

Assim que você estiver consciente de todos os três, eles se unirão, formando um só fenômeno. E, quando se tornarem uma coisa só, atuando juntos com perfeição, no mesmo ritmo, você conseguirá sentir a música de todos os três — eles virarão uma orquestra —, fazendo com que surja um quarto elemento, que não depende da sua vontade; ele surge espontaneamente, é uma dádiva do todo. Uma recompensa para todos que chegam até aqui.

Esse quarto elemento é a consciência definitiva que faz de você uma pessoa desperta. Fica-se consciente da própria consciência — esse é o quarto elemento. Isso é o que faz de alguém um buda, um ser desperto. E é somente com esse despertar que a pessoa vem a saber o que é bem-aventurança. O corpo conhece o prazer, a mente conhece a felicidade, o coração conhece a alegria, o quarto elemento conhece a bem-aventurança. A bem-aventurança é o objetivo, e a consciência é o caminho que leva até ela.

# CAPÍTULO 3

# MUNDOS PARTICULARES

Heráclito disse:
*Os homens são tão desatentos e descuidados,*
*em seus momentos de vigília,*
*com o que se passa à volta deles*
*quanto o são durante o sono.*
*Tolos, embora ouçam*
*são como surdos;*
*a eles aplica-se o adágio*
*de que, mesmo quando presentes,*
*eles estão ausentes.*
*A pessoa não deve agir ou falar*
*como se estivesse dormindo.*
*Os que estão acordados têm um mundo em comum;*
*os que dormem têm cada um o seu mundo particular.*
*O que quer que vejamos quando acordados é morte,*
*quando dormimos, são sonhos.*

Heráclito menciona o problema mais profundo dos seres humanos: eles dormem profundamente mesmo quando estão acordados.

# MUNDOS PARTICULARES

Você dorme enquanto dorme, mas dorme também quando está acordado. O que significa isso? — porque é isso que Buda diz, é isso que Jesus diz e é isso também que Heráclito diz. Você parece bem acordado, mas isso é só o que parece; lá no fundo o sono continua.

Mesmo neste exato momento, você está sonhando interiormente. Centenas de pensamentos em curso e você não tem consciência do que está acontecendo, não está consciente do que está fazendo nem está consciente de quem é. Você anda por aí como um sonâmbulo.

Você já deve ter conhecido alguém que anda e faz coisas enquanto dorme e depois volta para a cama. Existe uma doença chamada sonambulismo. Muitas pessoas se levantam à noite da cama; com os olhos abertos, elas andam por aí! Conseguem andar, conseguem encontrar a porta. Vão até a cozinha, comem alguma coisa; então voltam e se deitam novamente na cama. E se você perguntar a elas pela manhã, não saberão que fizeram tudo isso. No máximo, se tentarem se lembrar, verão que nessa noite tiveram um sonho em que acordaram e foram até a cozinha. Mas foi, no máximo, um sonho; mesmo isso é difícil de lembrar.

Muitas pessoas cometeram crimes; nos tribunais, muitos assassinos dizem que não sabem de nada, que não se lembram de ter feito tal coisa. Não que estejam tentando enganar a todos — não! Agora os psicanalistas descobriram que essas pessoas não estão mentindo, não estão tentando enganar ninguém; elas estão falando a pura verdade. De fato cometeram um assassinato — quando estavam totalmente adormecidas fizeram isso — como se fosse num sonho. Esse sono é mais profundo do que o sono normal. É como estar embriagado: você consegue andar um pouco, consegue fazer alguma coisa, pode estar meio consciente também — mas está bêbado. Não sabe muito bem o que está acontecendo. O que você fez no passado? Será que consegue se lembrar? Sabe dizer por que fez o que fez? O que aconteceu com você? Você estava

# 34 CONSCIÊNCIA

absolutamente consciente quando tudo aconteceu? Você se apaixona e não sabe por quê; fica com raiva sem saber por quê. Você encontra desculpas, é claro; racionaliza o que quer que tenha feito — mas racionalização não é consciência.

Consciência significa que, o que quer que esteja acontecendo no momento, você está plenamente ciente de tudo; você está presente. Se você estiver presente quando surgir a raiva, a raiva some. Ela só toma conta de você se estiver dormindo profundamente. Quando você está presente, uma transformação imediata se dá no seu ser, pois, quando você está presente, alerta, muitas coisas simplesmente não são possíveis. Tudo o que é chamado de pecado fica impossível se você está consciente. Portanto, na verdade, só existe um pecado: a inconsciência.

A palavra original inglesa *sin* (pecado) significa perder, deixar passar (*miss*, em inglês). Não significa fazer algo de errado; significa simplesmente não perceber, estar ausente. A raiz hebraica da palavra *sin* significa isso. Algumas palavras em inglês têm essa mesma raiz: *mis*conduct (má conduta), *mis*behavior (mau comportamento). Perder, deixar passar, significa não estar ali, fazer algo sem estar presente no momento — o que consiste no único pecado. E qual é a única virtude que existe? Enquanto faz alguma coisa, ficar completamente alerta — o que Gurdjieff chama de lembrança de si mesmo, Buda chama de consciência correta, Krishnamurti chama de percepção, Kabir chama de *surati*. Estar presente! — isso é tudo de que precisamos, nada mais.

Você não precisa mudar nada, e mesmo que tentasse mudar não conseguiria. Você vem tentando mudar muitas coisas em si mesmo. Conseguiu? Quantas vezes já decidiu que não ficaria mais com raiva? E o que aconteceu depois? Na hora H você cai na mesma armadilha: fica com raiva e, depois que ela passa, você mais uma vez se arrepende. Isso vira um círculo vicioso: você fica com raiva e então se arrepende; aí já está pronto para sentir raiva de novo.

MUNDOS PARTICULARES 35

Lembre-se, mesmo no momento em que se arrepende, você não está presente; esse arrependimento também faz parte do pecado. É por isso que nada acontece. Você continua tentando, vezes sem conta, toma várias vezes a mesma decisão, faz muitas promessas, mas nada acontece — você continua igual. Continua sendo o que sempre foi, desde que nasceu; nem sequer uma ligeira mudança aconteceu. Não que você não tenha tentado, não que não tenha tentado o suficiente; você tentou muito. E não conseguiu porque não se trata de uma questão de esforço. Não adianta nada se esforçar mais. É uma questão de ficar alerta, não de se esforçar.

Se você fica alerta, muitas coisas simplesmente somem; você não precisa se livrar delas. A consciência torna certas coisas impossíveis. E essa é uma definição minha, não existe outro critério. Você não se apaixona, não fica "caído de amores" por alguém, caso tenha consciência do que faz; portanto, cair de amores é pecado. Você pode amar, mas isso não será uma queda, será uma elevação. Por que se usa a expressão "cair de amores" (em inglês, *falling in love*)? Trata-se de uma queda; você está caindo, não está se elevando. Quando está consciente, você não cai — nem mesmo de amores. Isso não é possível; simplesmente não é possível. Com consciência, isso é impossível; você "se eleva" no amor. E esse é um fenômeno totalmente diferente de se apaixonar. Quem cai de amores por alguém está sonhando. É por isso que, quando uma pessoa está apaixonada, você consegue ver isso nos olhos dela: é como se ela estivesse mais entorpecida que as outras, como se estivesse inebriada, perdida em sonhos. Você consegue ver isso nos olhos dela porque eles mostram uma certa sonolência. As pessoas que "se elevam" por meio do amor são totalmente diferentes. Você pode ver que elas não estão mais perdidas em sonhos, elas encaram a realidade de frente e crescem com ela.

"Cair de amores" por alguém faz com que você continue sendo uma criança; quando "se eleva no amor", você amadurece. E, pouco a pouco, o amor se torna um relacionamento; torna-se um estado do seu

36 CONSCIÊNCIA

ser. A partir de então, não é que você ame isto e não ame aquilo, não! — você é simplesmente amor. Com quem quer que se aproxime, você compartilha. Seja o que for que aconteça, você oferece o seu amor. Você toca uma pedra e é como se tocasse o corpo de um ente querido. Olha uma árvore e é como se olhasse a face da pessoa amada. Esse amor se torna um estado de ser. Não que você esteja amando — agora você *é* amor. Trata-se de uma elevação, não de uma queda.

O amor é lindo quando você se eleva por meio dele, mas vira uma coisa suja e feia quando você cai por meio dele. E, mais cedo ou mais tarde, você descobre que ele se torna venenoso, vira um cativeiro. Você pode ser pego por ele e perder a liberdade. Suas asas são cortadas; você deixa de ser livre. Quando cai de amores por alguém, você vira uma possessão; você possui a outra pessoa e deixa que ela possua você. Você vira uma coisa e tenta fazer da outra pessoa uma coisa também.

Olhe um casal de marido e mulher. Ambos se tornaram coisas, não são mais pessoas. Um está tentando possuir o outro. Só os objetos podem ser possuídos, nunca as pessoas. Como você pode possuir uma pessoa? Como pode dominar uma pessoa? Como pode converter uma pessoa numa possessão? Impossível! Mas o marido está tentando possuir a mulher e a mulher está tentando fazer exatamente o mesmo. Então acontece um choque, eles viram praticamente inimigos. Cultivam uma relação destrutiva.

Isso aconteceu de verdade: Mulla Nasruddin entrou no escritório de administração de um cemitério e reclamou ao gerente: — Sei que a minha mulher está enterrada aqui neste cemitério, mas eu não consigo encontrar a sepultura.

O gerente consultou os registros e perguntou: — Qual o nome dela? Mulla respondeu: — Sra. Mulla Nasruddin.

O gerente checou novamente os arquivos e disse: — Não há nenhuma sra. Mulla Nasruddin, só há um Mulla Nasruddin. Então vi-

# MUNDOS PARTICULARES 37

rou-se para Mulla e disse: — Queira desculpar, parece que há um erro nos registros.

Nasruddin disse: — Não há erro nenhum. Onde está a sepultura de Mulla Nasruddin? Por que está tudo no meu nome mesmo.

Até a sepultura da mulher era dele!

Possessão... todo mundo continua querendo possuir a pessoa amada. Não é mais amor. Na verdade, quando você possui uma pessoa, você odeia, destrói, mata; você é um assassino. O amor liberta; o amor *é* liberdade. O amor faz da pessoa amada alguém cada vez mais livre; o amor dá asas e abre a imensidão do céu. Ele não pode ser uma prisão, uma clausura. Mas esse amor você não conhece, porque ele só acontece quando você está acordado; esse tipo de amor só brota quando existe consciência. O amor que você conhece é pecaminoso, pois ele é fruto do sono.

E isso vale para tudo o que você faz. Mesmo quando tenta fazer algo de bom, você faz mal. Olhe para os "bons samaritanos"; eles sempre fazem mal, são as pessoas mais nocivas deste mundo. Os reformistas sociais, supostos revolucionários, são as pessoas mais nocivas da face da terra. Mas é difícil ver o dano que causam, porque elas são pessoas muito boas, estão sempre fazendo algo de bom pelos outros — esse é o jeito que arranjaram de aprisionar as pessoas. Se deixar que lhe façam algo de bom, você acaba nas mãos delas. Elas começam massageando seus pés e, quando você menos espera, estão com as mãos em volta do seu pescoço! Começam nos pés e acabam no pescoço, porque elas não estão conscientes; não sabem o que estão fazendo. Aprenderam um truque — se você quer possuir uma pessoa, seja bom para ela. Essas pessoas nem sequer têm consciência de que aprenderam esse truque. Mas elas só farão mal aos outros porque qualquer coisa — qual-quer coi-sa — que seja feita com o intuito de possuir outra pessoa, seja qual for o nome ou forma que isso tenha — é anti-religioso, é pecado.

CONSCIÊNCIA

Suas igrejas, seus templos, suas mesquitas, eles têm todos cometido pecados contra você, pois todos se tornaram possessores, todos se tornaram dominações. Todas as igrejas são contra a religião — porque religião é liberdade! Por que isso acontece então? Jesus tenta dar liberdade, asas às pessoas. Então o que acontece? Como a igreja assume o poder? Isso acontece porque Jesus vive num plano de existência totalmente diferente, vive no plano da consciência; e aqueles que ouvem o que ele diz, que o seguem, vivem no plano do sono. Tudo o que eles ouvem, interpretam, é interpretado de acordo com seus próprios sonhos. E qualquer coisa que eles criem vai ser pecaminoso. Cristo dá a vocês religião, e então as pessoas que dormem a sono solto convertem-na numa igreja.

Dizem que Satanás, o demônio, estava um dia sentado sob uma árvore, muito triste. Um santo estava passando, olhou para Satanás e disse: — Ouvimos dizer que você nunca descansa, está sempre fazendo alguma maldade aqui e ali. Então o que você está fazendo aí, debaixo dessa árvore?

Satanás estava realmente deprimido. Ele disse: — Parece que os padres se incumbiram do meu trabalho; não consigo fazer mais nada! Estou absolutamente desempregado. Às vezes penso em me matar, porque esses padres vão indo tão bem...

Os padres vão indo tão bem porque eles converteram a liberdade em prisão, converteram a verdade em dogmas — converteram tudo do plano da consciência para o plano do sono.

Procure entender o que significa esse sono, porque, se conseguir sentir o que ele significa, você já vai começar a ficar mais alerta — já estará no caminho que o levará a se libertar dele. O que significa esse sono? Como ele acontece? Qual é o seu mecanismo? Qual é o seu *modus operandi*?

# MUNDOS PARTICULARES

A mente sempre está ou no passado ou no futuro. Ela não pode ficar no presente, é absolutamente impossível que a mente fique no presente. Quando você está no presente, a mente não existe mais — porque mente significa pensar. Como você pode pensar no presente? Você só consegue pensar a respeito do passado; ele já se tornou parte da sua memória, a mente pode refletir sobre ele. Você pode pensar no futuro; ele ainda não existe, a mente pode sonhar com ele. A mente pode fazer essas duas coisas. Ou ela vai para o passado — existe espaço suficiente para ela se locomover no enorme espaço do passado; você pode continuar indo, indo, indo — ou a mente pode avançar rumo ao futuro; um outro espaço enorme, que não tem fim; você pode imaginar, imaginar e sonhar. Mas como é que a mente pode funcionar no presente? Não há espaço para que ela faça nenhum movimento.

O presente é só uma linha divisória; isso é tudo. Não existe espaço nenhum ali; ela separa o passado do futuro — é só uma linha divisória. Você pode *estar* no presente, mas não pode pensar; para pensar, é preciso espaço. Os pensamentos precisam de espaço, eles são como coisas. Lembre-se disso — os pensamentos são coisas sutis, eles são materiais. Os pensamentos não são espirituais, porque a dimensão do espiritual só começa quando não há pensamentos. Os pensamentos são coisas materiais, muito sutis, e tudo o que é material precisa de espaço.

Você não consegue ficar pensando no presente. No momento em que começa a pensar, já é passado. Você vê o sol nascendo; você vê o sol e diz: — Que lindo o sol nascente! — isso já é passado. Quando o sol está nascendo não há espaço suficiente para dizer "Que lindo!", porque, no momento em que você pronuncia essas duas palavras — "Que lindo!" —, a experiência já virou passado; a mente já a retém na memória. Mas, no momento *exato* em que o sol nasce, exatamente quando ele está nascendo, como você pode pensar? O que você pode pensar? Você pode *estar com* o sol nascente, mas não pode pensar. Para *você* há espaço suficiente — mas não para os pensamentos.

Uma linda flor no jardim e você diz: — Uma linda rosa — agora você já não está mais com a rosa; nesse momento, isso já é uma lembrança. Quando a flor está lá e você também está, um está presente para o outro; como você pode pensar? O que você vai pensar? Como o pensamento é possível? Não há espaço para isso. O espaço é tão pequeno — na verdade não existe espaço nenhum — que você e a rosa não podem sequer existir como duas coisas separadas, pois não há espaço suficiente para duas coisas, só para uma.

É por essa razão que, quando está profundamente presente, você é a flor e a flor se torna você. Quando não existe pensamento, quem é a flor e quem está observando? O observador se torna a coisa observada. De repente desaparece qualquer fronteira. Você entrou na flor e a flor entrou em você. De repente vocês deixam de ser duas coisas diferentes — existe uma só coisa.

Se começa a pensar, vocês voltam a ser duas coisas diferentes. Se você não pensa, onde fica a dualidade? Quando você existe com a flor, sem pensar, acontece um diálogo — não um "duólogo", mas um diálogo. Quando você existe com a pessoa amada, acontece um diálogo, não um "duólogo", pois não existem dois seres ali. Quando se senta ao lado da pessoa amada, segura a mão dela, você simplesmente existe. Você não pensa nos dias que se passaram e não voltam mais; não pensa no futuro que vem pela frente — você está aqui, agora. E é tão bonito estar aqui e agora, é tão intenso! Nenhum pensamento pode invadir essa intensidade.

E estreito é o portão; estreito é o portão do presente. Duas coisas não podem passar por ele ao mesmo tempo; só uma. No presente, é impossível pensar, é impossível sonhar, porque sonhar nada mais é que pensar em quadros. Ambos são coisas, ambos são materiais.

Quando está no presente sem pensar, você pela primeira vez é espiritual. Uma nova dimensão se abre — essa dimensão é a consciência. Como vocês não conhecem essa dimensão, Heráclito diz que vocês es-

## MUNDOS PARTICULARES

*41*

tão dormindo, não estão conscientes. Consciência significa estar tão plenamente no presente que não existe movimento nem para o passado, nem para o futuro — deixa de existir qualquer movimento.

Isso não significa que você fica estático. Um outro movimento começa, um movimento em profundidade. Existem dois tipos de movimento, e é esse o significado da cruz de Jesus: ela mostra dois movimentos, uma encruzilhada. Um movimento é linear: você segue numa linha, de uma coisa a outra, de um pensamento a outro. De um sonho a outro — de A você vai para B, de B vai para C, de C para D. É desse jeito que você se movimenta, numa linha, na horizontal. Esse é o movimento do tempo; esse é o movimento da pessoa que dorme profundamente. Você é como um trem, vai e volta — sempre nos trilhos. Você vai de B para A ou pode ir de A para B — o trilho está sempre no mesmo lugar.

Existe um outro tipo de movimento que está numa dimensão totalmente diferente. Esse movimento não é horizontal, é vertical. Você não vai de A para B, de B para C; você vai de A para um A profundo; de A1 para A2, daí para A3 e então para A4; vai cada vez mais fundo — ou cada vez mais alto.

Quando o pensamento cessa, começa esse outro movimento. Agora você mergulha cada vez mais fundo, num fenômeno como que abissal. As pessoas que meditam profundamente cedo ou tarde chegam a esse ponto; então ficam com medo porque sentem como se um abismo se abrisse sob os seus pés — quando não tem chão, você sente vertigem, fica com medo. Prefere se apegar ao outro movimento, que já é mais conhecido; esse movimento abissal é como a morte.

É esse o significado da cruz de Jesus: uma morte. Ir do horizontal para o vertical é uma morte — é essa a verdadeira morte. Mas só é morte por um lado, por outro é ressurreição. É morrer para poder nascer; é morrer para uma dimensão e nascer para outra. Na horizontal, você é Jesus. Na vertical, você é o Cristo.

Se pula de um pensamento para outro, você fica nos domínios do tempo. Se mergulha no momento — não nos pensamentos —, você mergulha na eternidade. Você não fica estático; nada é estático neste mundo, nada pode ser estático — mas surge um outro movimento, um movimento sem motivação. Lembre-se destas palavras. Na linha horizontal, você se move por causa da motivação. Você tem de conquistar algo — dinheiro, prestígio, poder ou Deus, mas tem de conquistar alguma coisa. Existe uma motivação ali.

Movimento motivado significa sono. Movimento desmotivado significa consciência — você se movimenta porque o movimento é agradável, você se movimenta porque movimento é vida, porque vida é energia e energia é movimento. Você se movimenta porque energia é prazer — por nenhuma outra razão. Não existe nenhuma meta, você não está em busca de nenhuma realização. Na verdade, você não está indo a lugar nenhum, não está sequer "indo" — está simplesmente se deliciando na energia. Não existe nenhum objetivo exterior ao movimento em si; o movimento tem seu próprio valor intrínseco; não tem valor extrínseco.

Alguém como Buda também vive — alguém como Heráclito vive; eu estou aqui vivendo, respirando — mas com um tipo diferente de movimento, desmotivado.

Alguém me perguntou alguns dias atrás: — Por que você ajuda as pessoas na meditação?

Eu disse a essa pessoa: — Para mim isso é um prazer. Não faço por nenhuma razão em especial; simplesmente gosto. Assim como a pessoa que gosta de plantar flores num jardim, esperar até que elas cresçam... quando você floresce, eu fico satisfeito. É como jardinagem; quando alguém floresce é uma delícia. E eu compartilho desse florescimento. Não existe nenhum objetivo aqui. Se você não conseguir, não vou ficar frustrado. Se você não florescer, tudo bem, porque esse florescer não pode ser forçado. Você não pode abrir um botão na marra;

MUNDOS PARTICULARES    *43*

você até pode, mas isso só irá matá-lo. Pode até parecer um floresci-mento, mas na verdade não é.

O mundo inteiro avança, a existência avança, rumo à eternidade. A mente avança no tempo. A existência vai cada vez mais fundo e cada vez mais alto, e a mente vai para dentro e para fora. A mente se movi-menta na horizontal — que é o sono. Se você consegue se movimentar na vertical, isso é consciência.

Fique no presente. Traga todo o seu ser para o presente. Não dei-xe que o passado interfira nem deixe que o futuro assuma o comando. O passado não existe mais, está morto. E, como diz Jesus, "Deixem que os mortos enterrem seus mortos". O passado não existe mais, por que você está preocupado com ele? Por que vive remoendo o que já aconte-ceu? Você está louco? Ele não existe mais; existe só na sua cabeça, é só uma lembrança. O futuro não existe ainda — o que você está fazendo aí, pensando no futuro? Aquilo que não existe ainda, como você pode ficar pensando nisso? Como pode fazer planos para o futuro? Indepen-dentemente do plano que você faça, isso não vai acontecer e você fica-rá frustrado, porque o todo tem seus próprios planos. Para que tentar fazer planos que vão contra os planos dele?

A existência tem seus próprios planos, ela é mais sábia do que vo-cê — o todo tem de ser mais sábio que a parte. Por que você está fin-gindo que é o todo? O todo tem seu próprio destino, sua própria pleni-tude; para que se incomodar com ele? E seja lá o que você faça será pecado, porque você deixará passar o momento — este momento. E se isso se tornar um hábito — como de fato acontece? Se começar a não prestar atenção no momento presente, isso vai se tornar uma forma ha-bitual — então, quando o futuro vier, você deixará de percebê-lo de no-vo porque ele já não será futuro, será presente. Ontem você estava pen-sando no dia de hoje porque era futuro; agora é hoje e você está pensando no amanhã e, quando o amanhã chegar, será novamente ho-

*44* CONSCIÊNCIA

je — porque tudo o que existe, existe aqui e agora, não pode existir de outra forma. E, quando se habituar a viver de modo que a sua cabeça esteja sempre no futuro, então quando você vai viver? O amanhã nunca chega. Você continuará deixando de percebê-lo — e isso é pecado. Esse é o significado da raiz hebraica do verbo *sin*, pecar.

No momento em que entra o futuro, entra também o tempo. Você pecou contra a existência, não aproveitou o presente. E isso vira um padrão fixo: como um robô, você continua deixando o presente passar em brancas nuvens.

Pessoas de países distantes me procuram. Quando estão em casa, elas pensam em mim e ficam muito empolgadas comigo; lêem, pensam e sonham. Quando chegam aqui, elas começam a pensar na casa delas; no momento em que chegam já estão indo embora! Então começam a pensar nos filhos, na esposa, no trabalho, nisto, naquilo e num milhão de outras coisas. E eu fico vendo toda essa insensatez. Elas chegarão em casa novamente e mais uma vez começarão a pensar em mim. Elas não aproveitam o momento e isso é pecado.

Enquanto você estiver aqui comigo, fique comigo — fique totalmente aqui comigo, de modo que possa aprender um novo tipo de movimento, de modo que possa avançar rumo à eternidade, não no tempo.

O tempo é o mundo e a eternidade é Deus; o movimento horizontal é o mundo, o vertical é Deus. Os dois se encontram num ponto — que é onde Jesus é crucificado. Os dois se encontram, o horizontal e o vertical, num ponto — esse ponto é aqui e agora. Partindo do aqui e agora, você pode empreender duas jornadas: uma delas é no mundo, no futuro; a outra em direção a Deus, às profundezas.

Fique cada vez mais consciente, cada vez mais alerta e mais sensível ao presente.

O que é preciso fazer? Como isso é possível? — porque você está dormindo tão profundamente que pode fazer disso um sonho também.

MUNDOS PARTICULARES     *45*

Você pode fazer disso um objeto pensante, um processo de pensamento. Isso pode deixá-lo tão tenso que, só por causa disso, não vai conseguir ficar no presente. Se pensar demais em como ficar no presente, esse pensamento não ajudará em nada. Se você sentir muita culpa... se às vezes se voltar para o passado — você fará isso; isso há muito tempo tem sido uma rotina e você às vezes começará a pensar no futuro —, imediatamente se sentirá culpado por ter cometido esse pecado outra vez.

Não se culpe. Entenda que pecou, mas não se culpe — e isso é extremamente difícil. Se você se culpar, estragará tudo. Agora, o velho padrão começa de outra forma. Agora você se sente culpado porque deixou de perceber o presente. Agora você está pensando no passado — porque aquele presente que você deixou escapar já não é mais presente; é passado, e você está se culpando por isso. Você ainda está deixando de perceber o momento presente.

Portanto, lembre-se de uma coisa: sempre que se pegar pensando no passado ou no futuro, não faça uma tempestade por causa disso. Simplesmente volte para o presente, sem criar problemas. Não faz mal! Traga simplesmente a consciência de volta. Você terá de fazer isso um milhão de vezes; não vai conseguir agora, imediatamente. Vai acontecer, mas não por causa de você. Trata-se de um modo de comportamento que se fixou há muito, muito tempo e que você não vai conseguir mudar já. Mas não se preocupe, a vida não tem pressa. A eternidade pode esperar eternamente. Não fique preocupado com isso.

Sempre que perceber que perdeu o contato com o presente, volte a ele, e isso é tudo o que tem a fazer. Não se sinta culpado; esse é um truque da mente, agora ela está mais uma vez fazendo o mesmo jogo. Não repita: "Esqueci de novo." Assim que pensar nisso, preste atenção novamente ao que estiver fazendo. Se estiver tomando banho, preste atenção no banho; se estiver comendo, preste atenção na comida; se estiver caminhando, preste atenção nos seus passos. No momento em que

## CONSCIÊNCIA

perceber que já não está mais aqui e agora, volte a atenção para o presente — com simplicidade e inocência. Não pense em se culpar. Se fizer isso, você não estará captando o espírito da coisa.

Haverá um pecado, mas não haverá culpa — mas isso não será nada fácil. Quando percebe que há algo errado, você logo se sente culpado. A mente é muito, muito esperta. Se você se culpa, o jogo começa novamente — num outro nível, mas o mesmo jogo de sempre. As pessoas me procuram e dizem: — Continuamos esquecendo. — Estão tão tristes quando comentam: — Continuamos esquecendo. Nós tentamos, mas só nos lembramos por alguns segundos. Ficamos alertas, atentos ao que se passa conosco, mas aí já era... o que fazer? — Não há nada a fazer! Não é uma questão de se fazer alguma coisa. O que você pode fazer? Só há uma coisa a fazer: não se culpar. Apenas torne a prestar atenção no presente.

Quanto mais fizer isso... simplesmente se lembrar. Não com o semblante carregado, fazendo um grande esforço — com simplicidade, despretensão, sem fazer uma tempestade por causa disso. Porque a eternidade não tem problemas — todos os problemas só existem no plano horizontal; esse problema, também, só existe no plano horizontal. No plano vertical não existem problemas. Ele é puro prazer, sem nenhuma preocupação, sem angústia, sem preocupações, sem culpa, sem nada. Seja prático e volte para o presente.

Você deixará o presente escapar muitas vezes, isso é garantido. Mas não se preocupe com isso; as coisas são assim mesmo. Você cairá muitas vezes no mesmo erro, mas isso não é o mais importante. Não preste muita atenção no fato de ter perdido o contato com o presente muitas vezes, preste atenção no fato de que você retomou esse contato muitas vezes. Lembre-se disto — não dê ênfase ao fato de que esqueceu muitas vezes do presente, mas ao fato de que se lembrou dele várias vezes também. Fique feliz com isso. Você se esqueceu dele, é claro, e isso é inevi-

MUNDOS PARTICULARES

*47*

tável. Você é humano, viveu no plano horizontal por muitas e muitas vidas, portanto é natural. O bom é que você muitas vezes voltou a se lembrar dele. Você fez o impossível; fique feliz com isso!

Em 24 horas, você se esqueceu dele 24 mil vezes, mas, por 24 mil vezes, voltou a se lembrar. Agora um novo comportamento foi posto em ação. Foram tantas as vezes em que você voltou para casa; agora uma nova dimensão está surgindo, pouco a pouco. Você ficará consciente por cada vez mais tempo e diminuirão suas idas e vindas para o futuro e o passado. O período de retrocesso e de avanço no tempo será cada vez menor. Você esquecerá cada vez menos e se lembrará cada vez mais — começará a entrar no vertical. Um dia, de repente, o horizontal desaparece. A consciência se intensifica e o horizontal desaparece.

É por isso que o Shankara, o Vedanta e os hindus chamam este mundo de ilusório. Porque, quando a consciência torna-se perfeita, este mundo — este mundo que você criou com a mente — simplesmente desaparece; um outro mundo se revela a você. *Maya* desaparece, a ilusão desaparece — a ilusão só existe porque você está dormindo, por causa da sua inconsciência.

É justamente como um sonho. À noite você sonha e, enquanto está sonhando, tudo parece tão real! Você já chegou a pensar, num sonho: "Mas isso não é possível!"? O impossível acontece nos sonhos, mas você não duvida disso. No sonho, você tem uma fé imensa; ninguém é céptico enquanto sonha, nem mesmo Bertrand Russell. Não, no sonho todo mundo é como criança, confia em tudo o que acontece. Você vê sua mulher no sonho — de repente ela se transforma num cavalo. Nem por um instante você pensa, "Como isso é possível?"

Sonho é confiança, é fé. Não há como duvidar num sonho. Quando você começa a ter dúvidas durante o sonho, as regras são quebradas. Assim que você duvida, o sonho começa a se desvanecer. Se você conseguir lembrar, ao menos uma vez, que se trata de um sonho, repentinamente isso vira um choque, o sonho se estilhaça e você acorda.

Este mundo que você vê ao seu redor não é o mundo verdadeiro. Não que ele não exista — ele existe —, mas você o vê através da tela do sono. Existe uma inconsciência entre você e ele; você olha para ele e o interpreta à sua moda; é como se você estivesse embriagado.

Isso aconteceu de fato: Mulla Nasruddin chegou correndo. Ele estava totalmente bêbado e o ascensorista estava prestes a fechar a porta do elevador, mas Mulla conseguiu se esgueirar lá para dentro. O elevador estava lotado. Todo mundo percebeu que ele estava bêbado; seu hálito cheirava a bebida. Mulla tentou disfarçar; virou o rosto para a porta, mas ele não conseguia ver nada — seus olhos também estavam embriagados e sonolentos. Ele tentava se manter de pé, mas também não conseguia. Então ele ficou muito constrangido, porque todo mundo estava olhando e achando que ele estava bêbado; ele sentia isso no ar. Sem saber o que fazer, ele disse de repente: — Vocês devem estar se perguntando por que eu convoquei esta reunião.

Pela manhã, Mulla já estaria bem. Ele rirá do que aconteceu, como você está rindo...

Todos os budas riram quando despertaram. A risada é como o rugido de um leão. Eles riem não de você — eles riem de toda a piada cósmica. Vocês vivem num sonho, adormecidos, completamente inebriados pelo desejo e é através desse desejo que vêem a existência. Mas essa não era uma existência verdadeira; vocês projetaram nela seu próprio sono.

Vocês encaram toda a existência como uma tela e então projetam sua própria mente nessa tela. Você vê coisas que não existem e deixa de ver o que existe. E a mente tem explicação para tudo. Se uma dúvida o assalta, a mente explica. Ela cria teorias, filosofias, sistemas, só para se sentir bem e ter certeza de que nada está errado. Todas as filosofias existem para fazer com que a vida fique conveniente, de forma que tudo pa-

## MUNDOS PARTICULARES

reça em ordem, com nada fora do lugar — mas tudo está fora do lugar enquanto você está dormindo.

Um homem me procurou. Ele estava preocupado; era pai de uma menina linda e estava de fato muito preocupado. Ele disse: — Toda manhã ela fica um pouco enjoada e eu já consultei todos os médicos e eles dizem que não há nada de errado com ela. Então o que fazer?

Então eu disse a ele: — Procure Mulla Nasruddin. Ele é quem sabe mais por aqui, conhece tudo, porque nunca o ouvi dizer "Não sei". Vá.

Ele foi. Eu fui atrás só para ver o que Nasruddin diria. Nasruddin fechou os olhos, analisou o problema, então abriu os olhos e disse: — Você dá leite a ela antes de dormir?

O homem respondeu que sim e Nasruddin disse: — Agora descobri o problema; se você dá leite a uma criança, ela se revira na cama a noite toda, de um lado para o outro, e isso faz com que o leite coalhe. O leite coalhado então vira queijo e o queijo vira manteiga, aí a manteiga vira gordura e a gordura vira açúcar e o açúcar vira álcool... e, é claro, de manhã ela acorda com ressaca.

Todas as filosofias se resumem a isto: explicações para as coisas, explicações para as coisas que não podem ser explicadas, com a pretensão de que se conhece tudo o que é desconhecido. Mas elas conseguem fazer com que a vida fique conveniente. Você consegue dormir melhor, pois elas são como tranqüilizantes.

Lembre-se, existe uma diferença entre religiosidade e filosofia: a filosofia é um tranqüilizante, a religiosidade é um choque; a filosofia ajuda você a dormir bem, a religiosidade faz você acordar. A religiosidade não é uma filosofia — é uma técnica para livrar você da sua inconsciência. E todas as filosofias são técnicas para ajudar você a dormir melhor; elas dão a você sonhos, utopias.

## CONSCIÊNCIA

A religiosidade tira de você todos os sonhos, todas as utopias. Ela lhe apresenta a verdade — e a verdade só é possível quando você não está sonhando. A mente que sonha não consegue enxergar a verdade. A mente que sonha converterá a verdade também num sonho.

Já observou isto? Você põe o relógio para despertar; quer acordar às quatro da manhã, pois tem de pegar um trem. Então, pela manhã, o alarme toca e a sua mente cria um sonho: você está sentado num templo e os sinos do templo começam a tocar — então tudo é explicado. O alarme já não é problema, ele não consegue despertar você. Você já o descartou com uma explicação — na mesma hora!

A mente é sutil. E agora os psicanalistas estão intrigados, querendo saber como isso acontece, como a mente cria explicações imediatamente, tão rápido. Isso é tão complicado — a mente tem de projetá-las de antemão. Como, de repente, você se vê numa igreja ou num templo em que os sinos estão tocando? O alarme toca e na mesma hora você tem uma explicação dentro do sonho. Você está tentando evitar o alarme; não quer se levantar, não quer se levantar numa manhã fria de inverno. A mente diz: — Isto não é o despertador, é um templo que você está visitando. — Tudo é explicado e você volta a dormir.

Isso é o que as filosofias têm feito e é a razão por que existem tantas filosofias — porque todo mundo precisa de uma explicação diferente. A explicação que ajuda você a dormir pode não servir para outra pessoa. E é isso que Heráclito diz nesta passagem.

Agora tente entender o que ele diz:

*Os homens são tão desatentos e descuidados,*
*em seus momentos de vigília,*
*com o que se passa à volta deles*
*quanto o são durante o sono.*

Enquanto dorme você não está ciente do que está acontecendo ao seu redor, mas, durante as horas de vigília, você se dá conta do que acontece à sua volta?

## MUNDOS PARTICULARES

Muitas pesquisas têm sido feitas. Noventa e oito por cento das mensagens que chegam até você, sua mente não deixa entrar — noventa e oito por cento! Só dois por cento têm permissão para entrar e esses dois por cento a mente também interpreta. Eu digo uma coisa, você escuta outra. Eu digo outra coisa e você interpreta de um modo que não perturbe o seu sono. Sua mente imediatamente lhe oferece uma interpretação. Você encontra um lugar na sua mente para isso e a mente absorve; isso se torna parte dela. É por isso que você continua não percebendo os Budas, os Cristos, os Heráclitos e outros. Eles continuam falando com você; continuam dizendo que encontraram algo, tiveram a experiência de algo, mas, quando dizem isso, você na mesma hora interpreta. Você tem suas próprias artimanhas.

Aristóteles ficava extremamente incomodado com Heráclito. Ele achava que esse homem deveria ter alguma falha de caráter. Pronto! — você o rotulou porque ele não se ajusta a você, ele o incomoda. Heráclito devia pesar muito na mente de Aristóteles — pois Aristóteles vivia na horizontal, era mestre nisso, e esse homem, Heráclito, está tentando empurrar você para o abismo. Aristóteles vive no terreno plano da lógica, e esse homem, Heráclito, está tentando empurrar você para o mistério. É preciso uma explicação. Aristóteles diz: — Esse homem deve ter alguma falha... biológica, psicológica, "caracteriológica", alguma falha ele tem. Do contrário, por que insistiria tanto nesse paradoxo? Por que insistiria tanto no mistério? Por que insistiria tanto em dizer que ali existe uma harmonia entre os opostos? Opostos são opostos; não existe nenhuma harmonia. Vida é vida, morte é morte... seja claro quanto a isso, não misture as coisas. Esse homem parece um trapalhão.

Com Lao-tsé era a mesma coisa. Ele disse: — Todo mundo parece saber das coisas, menos eu. Todo mundo parece muito inteligente, menos eu. Pareço um idiota! — Lao-tsé, um dos maiores homens, uma das pessoas mais sábias que já existiram, mas no meio de vocês ele se sente um idiota. E disse: — Todo mundo parece um sábio pensador, eu sou todo atrapalhado. — O que Aristóteles disse de Heráclito, Lao-tsé comentou a respeito de si mesmo.

Lao-tsé disse: — Quando a pessoa ouve meus ensinamentos sem a mente, ela fica iluminada. Quando ouve meus ensinamentos por meio da mente, ela encontra suas próprias explicações, que não têm relação nenhuma comigo. E, quando a pessoa ouve sem ouvir coisa nenhuma, existem pessoas que ouvem sem ouvir, quando alguém ouve como se estivesse ouvindo sem ouvir, então ela ri das minhas tolices. — E o terceiro tipo de mente constitui a maioria. Disse Lao-tsé: — Se a maioria não ri de você, saiba que deve estar dizendo algo errado. Se a maioria ri, então é porque você está dizendo algo verdadeiro. Só quando a maioria julga você um tolo é que existe a possibilidade de que você seja um homem sábio; do contrário, não existe nenhuma possibilidade.

Heráclito parecia um idiota aos olhos de Aristóteles. O mesmo parecerá aos seus próprios olhos também, pois Aristóteles conquistou todas as universidades, as faculdades do mundo inteiro. Agora em todo lugar estuda-se lógica, não mistérios. Em todo lugar você aprende a ser racional, não místico. Todo mundo é educado para ser perspicaz. Se quer ser perspicaz, você precisa seguir na horizontal. Ali, A é A, B é B e A nunca é B. Mas, no abismo misterioso da vertical, as fronteiras se encontram e se fundem uma na outra. Homem é mulher, mulher é homem; o certo é errado, o errado é certo; a escuridão é luz, a luz é escuridão; vida é morte, morte é vida. Todas as fronteiras se encontram e se fundem.

Portanto, Deus é um mistério, não um silogismo. Aqueles que dão provas da existência de Deus estão simplesmente fazendo o impossível; não se pode dar nenhuma prova da existência dele. As provas só existem na horizontal.

Eis o significado da verdade: você cai no abismo, sente o abismo, simplesmente desaparece nele... e então você sabe. Você só sabe quando a mente está ausente, nunca antes disso.

# MUNDOS PARTICULARES

*Tolos, embora ouçam*
*são como surdos;*
*a eles aplica-se o adágio*
*de que, mesmo quando presentes,*
*eles estão ausentes.*

Onde quer que você esteja presente, é exatamente nesse lugar que também está ausente. Você pode estar em qualquer lugar, menos ali, onde está fisicamente. Onde quer que esteja, ali você não está.

Nas antigas escrituras tibetanas está escrito que Deus veio até você muitas vezes, mas que nunca conseguiu encontrá-lo ali, onde você estava. Ele bate na porta, mas o anfitrião não está — está em outro lugar qualquer. Você está em casa, na sua casa, ou em outro lugar? Como Deus vai encontrar você? Não é preciso ir até ele, basta que fique em casa e ele encontrará você. Ele está à sua procura assim como você está à procura dele. Basta que você fique em casa; assim, quando ele vier, vai encontrar você. Ele vem, bate milhões de vezes, espera na porta, mas você nunca está.

Diz Heráclito:
*Tolos, embora ouçam*
*são como surdos;*
*a eles aplica-se o adágio*
*de que, mesmo quando presentes,*
*eles estão ausentes.*

Esse é o sono; estar ausente, não estar presente no momento, estar em outro lugar qualquer.

Isso aconteceu de fato: Mulla Nasruddin estava sentado numa lanchonete, falando sobre generosidade. E, quando fala, ele exagera, assim como todo mundo, pois esquece o que está dizendo. Então alguém disse: — Nasruddin, se você é tão generoso, por que nunca nos convida para ir à sua casa? Nunca nos convidou sequer para uma refeição. O que nos diz disso?

Nasruddin estava tão entusiasmado que se esqueceu completamente da esposa. Então disse: — Vamos lá para casa agora mesmo! — Quanto mais perto chegava de casa, mais sóbrio ele ia ficando. Então se lembrou da mulher e ficou com medo; trinta pessoas estavam a caminho da casa dele. Assim que chegaram à sua porta, ele disse: — Esperem um pouco! Vocês sabem que eu tenho uma esposa. Vocês também têm, então sabem como é. Esperem um pouco. Deixe-me primeiro convencê-la, depois venho chamar vocês. — Então ele foi e desapareceu.

As pessoas esperaram uma eternidade, mas Nasruddin não aparecia, então resolveram bater na porta. Nasruddin contou à mulher exatamente o que acontecera, que ele estava falando muito de generosidade e ficou num beco sem saída. A mulher dele então disse: — Mas não temos como servir trinta pessoas nem há como arranjar nada a esta hora da noite.

Então Nasruddin disse: — Você faz o seguinte, quando baterem, você simplesmente vai até lá e diz que Nasruddin não está em casa.

Então eles bateram e ela atendeu à porta dizendo: — Nasruddin não está em casa.

As pessoas disseram: — Isso muito nos surpreende, pois ele veio conosco, entrou e não o vimos sair; ficamos esperando aqui na porta, trinta pessoas. Ele tem de estar aí dentro. Entre e encontre-o. Ele deve estar escondido em algum lugar.

A mulher entrou e disse ao marido: — E agora?

Nasruddin ficou nervoso. Disse então: — Espere! — Saiu de casa e disse: — Como assim? Ele poderia ter saído pela porta dos fundos!

Isso é possível, acontece todo dia com você. Ele se esqueceu completamente de si mesmo; foi isso o que aconteceu — na lógica, ele se esqueceu de si mesmo. A lógica está certa, o argumento está certo, mas...

## MUNDOS PARTICULARES

"Como assim? Vocês estão esperando na porta da frente; ele poderia ter saído pela porta dos fundos" — a lógica está certa, mas Nasruddin se esqueceu totalmente de que ele mesmo estava dizendo isso.

Você não está presente. Não está no presente nem para o mundo nem para si mesmo. Esse é o sono. Então como você pode ouvir? Como pode ver? Como pode sentir? Se não está presente aqui e agora, todas as portas estão fechadas. Você é uma pessoa morta, não está viva. É por isso que Jesus não se cansava de dizer aos seus ouvintes: — Se tiverem ouvidos, ouçam-me; se tiverem olhos, vejam-me!

Heráclito deve ter encontrado muitas pessoas que escutavam, mas não ouviam; que enxergavam, mas não viam, porque a casa delas estava completamente vazia. O dono da casa não estava. Os olhos estavam enxergando, os ouvidos ouvindo, mas o dono da casa não estava presente lá dentro. Os olhos são simplesmente janelas; eles só podem ver se *você* vir através deles. Como é que uma janela pode ver? Você tem de estar à janela, só assim poderá ver. Como? — ela é só uma janela, não pode sentir. Se você está ali, então é bem diferente.

O corpo todo é como uma casa e a mente está viajando; o dono da casa está sempre viajando para algum outro lugar e a casa fica vazia. E a vida bate à sua porta — você pode chamá-la de Deus ou seja lá do que for, o nome não interessa; chame de existência — ela bate na porta, não pára de bater, mas nunca o encontra em casa. Esse é o sono.

*A pessoa não deve agir ou falar
como se estivesse dormindo.*

Aja, fale com total consciência e você vai perceber uma enorme diferença em você. O próprio fato de estar consciente já muda as suas atitudes. Assim não haverá como cometer nenhum pecado. Não que você tenha de se controlar, não! O controle é um substituto ruim para a consciência, um substituto muito ruim; não ajuda muito. Se você está consciente, não precisa controlar a raiva; na consciência, a raiva nunca aparece. Eles não podem existir ao mesmo tempo; para eles não existe co-existência. Na consciência, nunca existe inveja. Na consciência, muitas coisas simplesmente desaparecem — todas as coisas que são negativas.

Ela é assim como uma luz. Se há luz na sua casa, como pode haver escuridão? A escuridão simplesmente desaparece. Quando sua casa está iluminada, como você vai tropeçar? Como vai trombar com a parede? A luz está ali, você sabe onde está a porta; você vai simplesmente até ela, entra e sai quando quer. Quando está no escuro, você tropeça, anda às apalpadelas, cai. Quando está inconsciente, você tateia no escuro, tropeça, cai. A raiva nada mais é que um tropeção; a inveja não passa de um tatear no escuro. Tudo o que está errado está assim não porque seja assim, mas porque você está vivendo no escuro.

Se alguém como Jesus quiser ficar com raiva, ele pode ficar; pode usar a raiva. Você não pode usar a raiva — você é usado por ela. Se Jesus achar que será útil e servirá para alguma coisa, ele pode usar qualquer coisa — ele é um mestre. Jesus pode ficar com raiva sem ficar com raiva. Muitas pessoas trabalharam com Gurdjieff, e ele era um homem terrível. Quando estava com raiva, ficava terrivelmente zangado; parecia um assassino! Mas tudo não passava de um jogo, só uma situação para ajudar alguém. E imediatamente, num só instante, ele parecia outra pessoa e já estava sorrindo. E então ele se voltava para a mesma pessoa a quem antes dirigira a sua raiva e voltava a demonstrá-la, assumindo novamente uma aparência assustadora.

Isso é possível. Quando está consciente, você pode usar o que quiser. Até um veneno vira elixir quando você está consciente. E, quando está dormindo, até um elixir vira veneno — porque a coisa toda depende do seu ser estar ou não alerta. Os atos não significam nada. Os atos não importam — você, sua consciência, seu ser consciente, alerta, é o que interessa. O que você faz não é o principal.

## MUNDOS PARTICULARES

Isso de fato aconteceu:

Havia um grande mestre, um mestre budista, Nagarjuna. Um ladrão veio vê-lo. O ladrão apaixonara-se pelo mestre, porque ele nunca vira uma pessoa tão bela, com tamanha graça. Ele perguntou a Nagarjuna: — Existe alguma possibilidade de eu crescer também? Mas uma coisa eu quero lhe deixar clara: eu sou ladrão. E não vou deixar de ser, por isso não me imponha condições. Farei tudo o que disser, mas não vou deixar de ser ladrão. Isso já tentei várias vezes, nunca funciona, por isso já desisti. Aceitei meu destino, o de que vou ser ladrão para sempre, portanto, não toque nesse assunto. Vamos deixar tudo bem claro desde o princípio.

Nagarjuna disse: — Por que está com medo? Quem aqui vai falar algo acerca de você ser ladrão?

O ladrão respondeu: — Mas sempre que procuro um monge, um padre ou um santo eles dizem que primeiro tenho de parar de roubar.

Nagarjuna riu e disse: — Então você deve ter procurado ladrões; do contrário, por que diriam isso? Por que isso os preocupa tanto? Eu não estou nem um pouco preocupado.

O ladrão ficou muito feliz e disse: — Então, tudo bem. Parece que agora vou me tornar um discípulo. Você é o mestre certo.

Nagarjuna aceitou-o, dizendo: — Agora pode ir e fazer o que quer que tenha vontade. Só há uma condição: fique consciente! Vá, arrombe casas, entre, pegue o que quiser, roube; faça o que tiver vontade, isso não me interessa, não sou ladrão; mas faça tudo isso com plena consciência.

Sem entender que estava caindo numa armadilha, o ladrão disse: — Combinado. Eu tentarei.

Depois de três semanas, o ladrão voltou e disse: — Você me enganou... porque, se fico consciente, não consigo roubar. Se roubo, a consciência se vai. Fico num dilema.

Nagarjuna respondeu: — Não vamos mais falar sobre ser ladrão e roubar. Não estou interessado; eu não sou ladrão. Agora você decide!

# CONSCIÊNCIA

Se quer ter consciência, você decide. Se não quer, você é quem decide também.

O homem respondeu: — Mas agora ficou difícil. Já senti o gostinho do que é ter consciência e ela é tão bela! Eu abandonarei tudo, não importa o que você disser. — E continuou: — Numa noite dessas, pela primeira vez eu consegui entrar no palácio do rei. Abri os tesouros. Poderia ter me tornado o homem mais rico deste mundo, mas lembrei-me de você e tive de ficar consciente. Quando fiquei consciente, subitamente... nenhuma motivação, nenhum desejo. Quando fiquei consciente, os diamantes me pareceram simplesmente pedras, pedras comuns. Quando perdi a consciência, voltei a ver o tesouro. Então esperei e fiz isso várias vezes. Ficava consciente e me tornava como um buda, então não conseguia sequer tocar o tesouro, pois tudo me parecia uma bobagem, pura estupidez: só pedras, o que eu fazia ali? Perder-me por causa de pedras? Mas, então, eu perdia a consciência; eles voltavam a parecer muito belos, toda aquela ilusão. Mas finalmente decidi que eles não valiam a pena.

Depois que você conhece a consciência, nada mais vale a pena — você descobre a maior bem-aventurança da vida. Então, de repente, muitas coisas simplesmente se esvaem; viram bobagem, pura tolice. A motivação desaparece, o desejo desaparece, os sonhos vêm abaixo.

*A pessoa não deve agir ou falar*
*como se estivesse dormindo.*

Essa é a única chave.

*Os que estão acordados têm um mundo em comum;*
*os que dormem têm cada um o seu mundo particular.*

Os sonhos são particulares, totalmente particulares! Ninguém pode entrar no seu sonho. Você não pode compartilhar um sonho com a pessoa que ama. Marido e mulher, eles dormem na mesma cama, mas sonham separadamente. É impossível compartilhar um sonho, pois ele

## MUNDOS PARTICULARES

não é nada — como alguém pode compartilhar o nada? Ele é como uma bolha, absolutamente não-existencial; você não pode compartilhá-lo, você tem de sonhar sozinho.

É por essa razão — por causa das pessoas que dormem, de tantas pessoas que dormem — que existem tantos mundos. Você tem seu próprio mundo; se está dormindo, você vive enclausurado nos seus pensamentos, conceitos, sonhos, desejos. Sempre que encontra outra pessoa, dois mundos entram em choque. Mundos em rota de colisão — é esse o estado das coisas. Observe!

Repare num casal conversando; eles não conversam coisa nenhuma. O marido está pensando no trabalho; no salário; a mulher está pensando no que vai vestir no Natal. Interiormente eles vivem em mundos particulares, mas esses mundos acabam se encontrando — ou melhor, colidindo — porque a roupa da mulher depende do salário do marido, e o salário do marido tem que ser suficiente para a roupa da mulher. Ela diz: — Querido — mas por trás da palavra *querido* estão as roupas; ela está pensando nelas. O "querido" não significa o que está escrito no dicionário, pois toda vez que uma mulher diz "querido" isso não passa de um disfarce, e o marido na mesma hora fica com medo. Ele não demonstra, é claro, porque, quando alguém diz "querido" você não pode demonstrar medo. Ele diz: — O que é, meu bem? — Mas ele está com medo, porque está pensando no salário, e ele sabe que o Natal está chegando e que isso é perigoso.

A mulher de Mulla Nasruddin estava dizendo a ele: — O que aconteceu? Ultimamente nem mesmo quando eu choro, quando as lágrimas escorrem pelo meu rosto e eu chego a soluçar, você pergunta por que estou chorando.

Nasruddin disse: — Agora já chega! Já paguei muito caro por perguntar. Antigamente, eu cometia esse erro muitas vezes, porque essas

CONSCIÊNCIA

lágrimas não são lágrimas simplesmente, são vestidos, uma casa nova, mobília nova, um carro novo, muitas coisas estão escondidas atrás dessas lágrimas. Elas são apenas o começo.

Nenhum diálogo é possível porque interiormente existem dois mundos particulares. Só o conflito é possível.

Os sonhos são particulares, a verdade não é particular. A verdade não pode ser particular — ela não pode ser minha ou sua, não pode ser dos cristãos ou dos hindus, nem dos indianos ou dos gregos. A verdade não pode ser particular. Os sonhos são particulares. Tudo o que é particular, não se esqueça, pertence necessariamente ao mundo dos sonhos. A verdade é um céu aberto; é para todo mundo, é uma só.

Por isso que, quando Lao-tsé fala, a linguagem pode ser diferente; Buda fala e a linguagem é diferente; Heráclito fala e a linguagem é diferente — mas eles querem dizer a mesma coisa, indicam a mesma direção. Eles não vivem em mundos particulares. O mundo particular desapareceu com seus sonhos, com seus desejos — com a mente. A mente tem um mundo particular, mas a consciência não tem mundos particulares. O despertar tem um mundo em comum... Todos aqueles que estão despertos têm um mundo em comum — que é a existência. E todos aqueles que estão dormindo e sonhando têm seus próprios mundos.

O seu mundo tem de ser descartado; essa é a única renúncia que eu lhe peço. Não digo que deixe sua mulher, não digo que deixe seu trabalho, não digo que deixe seu dinheiro, que deixe qualquer coisa que seja sua, não! Digo simplesmente que deixe seu mundo particular de sonhos. Isso é *sannyas* para mim. O velho *sannyas* estava deixando este mundo, o visível. A pessoa vai para o Himalaia, deixa mulher e filhos — não é isso que interessa. Não é esse o mundo que é preciso deixar, como você poderia deixá-lo? Mesmo o Himalaia pertence a este mun-

## MUNDOS PARTICULARES

do. Se você renuncia a este mundo, então mesmo quando estiver numa feira livre você estará no Himalaia. Se não renuncia, no Himalaia você também criará um mundo particular ao seu redor.

Como é possível fugir de si mesmo? Aonde quer que vá, lá estará você junto. Aonde quer que vá, você se comportará da mesma forma. As situações podem ser diferentes, mas como você pode ser diferente? Você estará adormecido no Himalaia. Que diferença faz se você está dormindo em Pune ou em Boston, ou se está dormindo em Londres ou no Himalaia? Onde quer que esteja, você estará sonhando! Pare de sonhar! Fique mais alerta. De repente o sonho desaparece e com ele todos os sofrimentos.

*O que quer que vejamos quando acordados é morte,*
*quando dormimos, são sonhos.*

Isso é mesmo lindo. Sempre que está dormindo você vê sonhos, ilusões, miragens — suas próprias criações, seu mundo particular. Quando está acordado, o que você vê? Segundo Heráclito, "Quando está acordado, você só vê morte à sua volta".

Talvez seja porque você não queira ver. Talvez seja porque você sonhe e crie uma nuvem de sonhos ao seu redor, para que assim não precise ficar frente a frente com a realidade da morte. Mas, lembre-se, o homem só se torna religioso quando encontra a morte, nunca antes disso.

Quando você encontra a morte, quando a encara de frente, sem evitá-la, esquivar-se dela, fugir ou criar uma nuvem ao seu redor — quando a enfrenta, vai ao encontro dela, a realidade da morte — você de repente toma consciência de que morte é vida. Quanto mais fundo você explora a morte, mais fundo você explora a vida, pois, como diz Heráclito, os opostos se encontram e se misturam; eles são uma coisa só.

Se você está tentando fugir da morte, lembre-se, você também fugirá da vida. É por isso que você parece tão morto. Eis o paradoxo: fuja da morte e você continuará morto; enfrente a morte, dê de cara com ela, e você estará vivo. No momento em que você encarar a morte tão profundamente, tão intensamente que começa a sentir que está morrendo — não só à sua volta, mas interiormente também, você sente e toca a morte —, a crise se inicia. Essa é a cruz de Jesus, a crise de morrer. Nesse momento, você morre para um mundo — o mundo da horizontal, o mundo da mente — e ressuscita em outro.

A ressurreição de Jesus não é um fenômeno físico. Os cristãos têm levantado tantas hipóteses desnecessárias a respeito disso! Não se trata da ressurreição deste corpo, mas da ressurreição para uma outra dimensão deste corpo; a ressurreição para uma outra dimensão de um outro corpo que nunca morre. Este corpo é temporal, o outro é eterno. Jesus ressuscita para outro mundo, o mundo da verdade. O mundo particular desapareceu.

No último instante, Jesus diz que está preocupado, aflito. Mesmo para um homem como Jesus, morrer é algo que preocupa, tinha mesmo de preocupar. Ele se volta para Deus e grita: — O que estais fazendo comigo? — Ele gostaria de se agarrar à horizontal, gostaria de se agarrar à vida; mesmo um homem como Jesus.

Por isso não se culpe. Você também gostaria de se agarrar. Esse é o lado humano de Jesus e ele é mais humano que Buda, Mahavira. Esse é o lado humano: o homem está frente a frente com a morte e se aflige, grita, mas não volta atrás; não cai. Imediatamente ele toma consciência do que está perguntando. Então diz: — Que seja feita a tua vontade! — e relaxa, se entrega. Na mesma hora a roda gira — ele não está mais na horizontal; entrou na vertical, nas profundezas. Ali ele ressuscita para a eternidade.

Morra para o tempo de modo que você possa ressuscitar para a eternidade. Morra para a mente de modo que possa estar vivo em consciência. Morra para o pensamento de modo que possa nascer para a consciência.

## MUNDOS PARTICULARES

Diz Heráclito: "O que quer que vejamos quando acordados é morte..." Essa é razão pela qual vivemos em sonhos, sonos, tranqüilizantes, narcóticos, tóxicos — para não enfrentar a realidade. Mas é preciso enfrentar a realidade. Se fizer isso, ela se torna verdade; se foge, você vive na mentira. Se enfrenta a realidade, ela se torna a porta para a verdade. A realidade é a morte; é preciso enfrentar isso. E a verdade será vida, vida eterna, vida em profusão, vida que nunca acaba.

# CAPÍTULO 4

# CONSCIÊNCIA E CENTRAMENTO

Primeiro é preciso entender o que significa consciência. Você está andando na rua. Está consciente de muitas coisas — das lojas, das pessoas que passam por você, do tráfego, de tudo. Está ciente de muitas coisas, menos de uma — você mesmo. Você está andando na rua, consciente de muitas coisas e esquecido de si mesmo! Essa consciência do eu George Gurdjieff chamou de "lembrança de si mesmo". Ele dizia: "Constantemente, onde quer que você esteja, lembre-se de si mesmo."

Não importa o que esteja fazendo, nunca deixe de fazer outra coisa interiormente: ficar consciente do que estiver fazendo. Você está comendo — fique consciente de si mesmo. Está caminhando — fique consciente de si mesmo. Está ouvindo, está falando — fique consciente de si mesmo. Quando estiver com raiva, fique consciente de que está com raiva. Essa lembrança constante de si mesmo cria uma energia sutil, uma energia muito sutil dentro de você. Você começa a ser um ser cristalizado.

Na maior parte do tempo, você é só um saco vazio! Nenhuma cristalização, nenhum centro de verdade — só liqüidez, só uma combinação ao acaso de muitas coisas sem nenhum centro. Uma multidão, em

# CONSCIÊNCIA E CENTRAMENTO

constante mudança, mas sem ninguém que a comande. A consciência é o que faz de você o comandante do navio — e quando eu digo comandante não quero dizer alguém que detenha o comando. Quero dizer uma presença — uma presença contínua. Sempre que estiver fazendo alguma coisa, ou não estiver fazendo nada, uma coisa tem de ser constante na sua consciência: que você *é*.

O simples sentimento de si mesmo, e de que esse si mesmo é, cria um centro — um centro de calma, um centro de silêncio, um centro de comando interior. Trata-se de um poder interior. E quando eu digo "poder interior" quero dizer literalmente isso. É por isso que Buda fala do "fogo da consciência" — ela *é* um fogo. Se começar a ficar consciente, você começará a sentir uma energia nova em você, um fogo, uma vida nova. E, por causa dessa vida nova, desse poder, dessa energia, muitas coisas que dominavam você se dissipam. Você não tem de lutar contra elas.

Você tem de lutar contra a sua raiva, contra a sua ganância, contra o sexo, porque você é fraco. Portanto, na verdade, a ganância, a raiva, o sexo não são o problema, a fraqueza é o·problema. Quando você começar a ficar mais forte interiormente, com um sentimento de presença interior — de que você *é* —, suas energias ficam concentradas, cristalizadas num único ponto, e nasce um eu. Veja, não nasce um ego, nasce um eu. O ego é um sentido falso de eu. Mesmo sem ter um eu, você continua acreditando que você é um eu — que na verdade é o ego. Ego significa falso eu — você não é um eu, embora acredite que seja.

Maulungputra, um buscador da verdade, veio até Buda, que lhe perguntou: — O que você procura?

Maulungputra disse: — Procuro por mim mesmo. Ajude-me!

Buda lhe pediu para prometer que faria tudo o que fosse sugerido.

Maulungputra começou a soluçar e disse: — Como posso prometer?

Eu não sou, não sou ainda, como posso prometer? Não sei o que vou fazer amanhã; não tenho nenhum eu que possa prometer, por isso não peça o impossível. Eu vou tentar. Isso é tudo o que eu posso dizer: vou tentar. Mas não posso prometer que farei tudo o que você disser, pois quem fará isso? Estou em busca daquilo que pode prometer e pode cumprir uma promessa. Não sou ainda.

Buda respondeu: — Maulungputra, fiz essa pergunta a você para ouvir isso. Se tivesse prometido, eu o poria daqui para fora. Tivesse você dito: "Prometo que farei" e eu teria descoberto que você não busca de fato a si mesmo, pois o buscador tem de saber que ele ainda não é. Do contrário, qual seria o propósito da busca? Se você já fosse, não haveria necessidade. Você não é! E se a pessoa consegue sentir isso, o ego evapora.

O ego é uma noção falsa de algo que ainda nem sequer existe. "Eu" significa um centro que pode prometer. Esse centro é criado pelo ser que está continuamente alerta, constantemente consciente. Tenha consciência de que você está fazendo algo — de que está sentado, de que agora você vai dormir, de que o sono está chegando, que você está caindo no sono. Tente ficar consciente o tempo todo e então você começará a sentir que nasce dentro de você um centro; as coisas começaram a se cristalizar, ocorre um centramento. Tudo passa a se relacionar com esse centro.

Nós estamos sem centro. Às vezes nos sentimos centrados, mas esses são momentos em que a situação nos obriga a ficar conscientes. Se de repente surgir uma situação, uma situação de grande perigo, você começará a sentir um centro dentro de você, pois ficamos conscientes quando estamos em perigo. Se alguém vai matar você, não dá para pensar, não é possível ficar inconsciente. Toda a sua energia está centrada e esse momento se torna sólido. Você não pode ir para o passado nem pode ir para o futuro — esse momento passa a ser tudo o que existe. E nesse instante você não só fica consciente do assassino como fica conscien-

## CONSCIÊNCIA E CENTRAMENTO

te de si mesmo, a pessoa que está sendo assassinada. Nesse momento sutil você começa a sentir um centro dentro de si.

É por isso que os jogos perigosos atraem as pessoas. Pergunte a alguém que esteja tentando chegar ao topo do Gourishankar, do Everest. A primeira vez em que Hillary esteve lá, ele deve ter sentido um centro repentino. E, na primeira vez em que alguém pisou na lua, deve ter brotado um sentimento repentino de centramento. É por isso que o perigo é tão fascinante. Você está dirigindo um carro e começa a aumentar cada vez mais a velocidade, e então começa a ficar perigoso. Você não consegue pensar; os pensamentos se interrompem. Você não pode sonhar. Não pode imaginar. O presente então se torna sólido. Nesse instante de perigo, quando a qualquer momento você pode morrer, você fica repentinamente consciente de um centro dentro de si. O perigo fascina simplesmente porque, quando está em perigo, você às vezes fica centrado.

Nietzsche uma vez disse que a guerra tinha de continuar pois, só na guerra, às vezes se sentia um eu — sentia-se um centro —, pois a guerra é perigosa. E, quando a morte passa a ser uma realidade, a vida fica mais intensa. Quando a morte está próxima, a vida fica intensa e você fica centrado. Sempre que está consciente de si mesmo, você fica centrado. Mas, se isso for circunstancial, esse centro desaparece logo que a situação chega ao fim.

Isso não pode ser apenas circunstancial, tem de ser algo interior. Por isso, tente ficar consciente mesmo enquanto faz coisas comuns. Quando estiver sentado, procure ficar consciente — tenha consciência do ato de se sentar. Não só da cadeira, não só do ambiente em que está, da atmosfera que o cerca; mas do fato de estar sentado. Feche os olhos e sinta-se; mergulhe fundo e sinta-se.

Eugen Herrigel estava estudando com um mestre zen. Ele aprendia arco e flecha havia três anos. E o mestre sempre dizia: — Bom. O que quer que esteja fazendo, é bom, mas não o suficiente. — Herrigel acabou tornando-se um mestre no arco e flecha. Sua pontaria era absolutamente perfeita, e mesmo assim o mestre continuou a dizer: — Você está indo bem, mas isso ainda não é suficiente.

— Mesmo com uma pontaria perfeita! — disse Herrigel. — Então o que mais você espera de mim? Como é possível ir além disso? Com total precisão e você espera ainda mais?

Segundo dizem, o mestre zen respondeu: — Não estou preocupado com a arte de manejar o arco ou com a sua pontaria. Estou preocupado com você. Você se tornou um técnico perfeito. Mas, quando sua flecha deixa o arco, você não está consciente de si mesmo, por isso não adianta nada! Não estou preocupado com a flecha atingindo o alvo. Estou preocupado com você! Quando a flecha é arremessada, a consciência dentro de você também tem de ser. Mesmo que você não acerte o alvo, isso não faz a menor diferença, o que você não pode deixar de acertar é o alvo interior, e isso você não está fazendo. Você se tornou um técnico perfeito, mas é um imitador.

Mas para uma mente ocidental ou, na verdade, para uma mente moderna — e a mente ocidental é a mente moderna — é muito difícil conceber uma coisa dessa. Parece absurdo. No arco e flecha o que interessa é ter uma pontaria perfeita.

Pouco a pouco Herrigel começou a ficar decepcionado, até que um dia disse: — Estou indo embora. Parece impossível! É impossível! Quando você mira um alvo, sua consciência passa para o alvo, para o objeto, e se você quiser ser um bom arqueiro tem de esquecer de si mesmo; lembrar só da pontaria, do alvo, e esquecer o resto. Só o alvo interessa. — Mas o mestre zen continuou forçando-o a criar um outro alvo dentro dele. Essa flecha tinha de ser duplamente atirada; ela apontava para o alvo externo e apontava continuamente para o alvo interior: o eu.

Herrigel disse: — Agora vou mesmo embora. Parece impossível. Suas condições não podem ser satisfeitas. — E, no dia em que estava

CONSCIÊNCIA E CENTRAMENTO

partindo, Herrigel simplesmente se sentou. Ele viera para se despedir do mestre e este mirava um outro alvo. Outra pessoa estava aprendendo com ele e, pela primeira vez, Herrigel não participava. Ele só viera para se despedir e ficara sentado ali. No momento em que o mestre acabasse a aula, ele se despediria e iria embora. Pela primeira vez ele não participava.

Mas então, de repente, Herrigel ficou consciente do mestre e da consciência do "duplo atirar" do mestre. O mestre fazia pontaria. Durante três anos Herrigel tivera o mesmo mestre, mas estava mais preocupado com seu próprio empenho. Nunca tinha visto esse homem, o que ele fazia. Pela primeira vez ele viu e percebeu... e de repente, espontaneamente, sem fazer nenhum esforço, ele se aproximou do mestre, tomou o arco da mão dele, mirou o alvo e atirou a flecha. E o mestre disse: — Muito bem! Pela primeira vez você conseguiu. Estou feliz!

O que ele tinha feito? Pela primeira vez estava centrado em si mesmo. O alvo estava lá, mas ele também estava — presente.

Portanto, não importa o que esteja fazendo — não importa; não precisa ser arco e flecha — não importa o que esteja fazendo, nem que esteja apenas sentado, lembre-se do duplo atirar. Lembre-se do que está acontecendo fora e também de quem está dentro.

Lin-chi fazia uma preleção pela manhã quando alguém perguntou: — Só me diga uma coisa: Quem sou eu? — Lin-chi saiu de onde estava e foi até o homem. Todos na sala ficaram em silêncio. O que ele iria fazer? Era uma simples pergunta. Ele poderia ter respondido de onde estava. Quando se aproximou do homem, tudo era silêncio. Lin-chi ficou de frente para ele e o olhou nos olhos. O ar ficou pesado. Tudo parou. O inquiridor começou a suar. Lin-chi apenas fitava os olhos dele. E então Lin-chi disse: — Não me pergunte. Mergulhe dentro de si mesmo e encontre quem está perguntando. Feche os olhos. Não pergunte "Quem sou eu?" Entre dentro de você e descubra quem está perguntando, quem é esse inquiridor interno. Esqueça-me. Encontre a fonte da pergunta. Mergulhe fundo no seu mundo interior!

E contam que o homem fechou os olhos, ficou em silêncio e, de repente, ele era um iluminado. Abriu os olhos, riu, tocou os pés de Lin-chi e disse: — Você me respondeu. Tenho feito essa pergunta a todo mundo e recebi muitas respostas, mas nada provou ser a resposta. Mas você me respondeu.

"Quem sou eu?" Como alguém pode responder a essa pergunta? Mas nessa situação em particular: mil pessoas em silêncio, em profundo silêncio, Lin-chi se aproximou com um olhar penetrante e simplesmente ordenou ao homem: — Feche os olhos, mergulhe dentro de si e encontre o inquiridor dentro de você. Não espere que eu dê a resposta. Descubra quem perguntou. — E o homem fechou os olhos. O que aconteceu nesse caso? Ele ficou centrado. De repente ele se centrou, de repente tomou consciência da sua essência mais profunda.

Isso tem de ser descoberto, e a consciência é o método que se usa para descobrir essa essência profunda. Quanto mais inconsciente você está, mais se distancia de si mesmo. Quanto mais consciente, mais perto chega de si mesmo. Se a consciência for total, você está no centro. Se a consciência for menor, você está próximo da periferia. Quando está inconsciente, você está na periferia em que o centro é completamente esquecido. Existem, portanto, dois caminhos a seguir.

Você pode ir para a periferia — e seguir na direção da inconsciência. Sentado, assistindo a um filme; sentado em algum lugar, ouvindo música, você pode se esquecer de si mesmo — nesse caso você está na periferia. Lendo o Baghavad Gita ou a Bíblia ou o Alcorão, você pode se esquecer de si mesmo — e aí você está na periferia.

Faça o que fizer, se conseguir se lembrar de si mesmo, você estará mais perto do centro. Então um dia, repentinamente, você fica centra-

CONSCIÊNCIA E CENTRAMENTO                    *71*

do. Nesse dia você terá energia. Essa energia é o fogo. Toda a vida, toda a existência é energia, é fogo. Fogo é o nome antigo; agora chamam de eletricidade. O homem usou muitos e muitos nomes para designar essa energia, mas "fogo" é uma boa opção. Eletricidade parece uma coisa meio morta; fogo parece mais cheio de vida.

Aja com atenção plena. Essa é uma árdua e longa jornada e já é difícil ficar consciente até mesmo por um único instante; a mente está constantemente tremeluzindo. Mas não é impossível. É penoso, é difícil, mas não é impossível. É possível — para todo mundo é possível. Só é necessário empenho, um empenho sincero. Nada pode ser deixado de lado; nada pode permanecer intocado dentro de você. É preciso sacrificar tudo pela consciência; só então a chama interior é descoberta. Ela está aí.

Se uma pessoa decidir procurar a unidade essencial de todas as religiões que já existiram e que possam existir, ela encontrará uma única palavra: *consciência*.

Jesus conta uma história... O dono de uma grande residência teve de sair e ordenou aos criados que ficassem de prontidão, pois ele poderia voltar a qualquer momento. Então, por 24 horas eles tiveram de ficar em alerta. O patrão poderia voltar a qualquer momento — a qualquer momento! Não havia uma data certa, nenhum dia certo, nada. Se houvesse, então eles poderiam dormir; poderiam fazer o que lhes conviesse e ficar de prontidão só na ocasião em que ele chegaria. Mas o patrão dissera: — Voltarei a qualquer momento. Dia e noite os quero prontos para me receber.

Eis uma parábola da vida. Você não pode deixar nada para amanhã, pois o dono da casa pode chegar a qualquer momento. É preciso ficar o tempo todo de prontidão. Não há uma data fixada; não se tem idéia de quando será esse acontecimento repentino. Só há uma coisa a fazer: ficar de prontidão e esperar.

A consciência é a técnica usada para encontrar esse centro, para atingir o fogo interior. Ele está aí, escondido, à espera de ser descoberto. E, depois de descoberto, aí então podemos entrar no templo — não antes disso, nunca antes disso.

Mas podemos nos iludir com símbolos. Os símbolos servem para nos mostrar realidades mais profundas, mas podemos usá-los como um meio de nos enganar. Podemos queimar incenso, adorar coisas externas e assim fica mais fácil sentir que fizemos alguma coisa. Podemos nos sentir pessoas religiosas sem ser religiosos de fato. É isso o que está acontecendo; é nisso que a terra se transformou. Todo mundo acha que é religioso só porque está seguindo símbolos exteriores, sem nenhum fogo interior.

Empenhe-se mesmo que você seja um fiasco. Isso já será um começo. Você falhará muitas vezes, mas até mesmo o fracasso será útil. Quando não consegue ficar consciente mesmo que seja por um segundo, você pela primeira vez percebe o quanto é inconsciente.

Ande pela rua e você não conseguirá caminhar nem alguns passos sem ficar inconsciente. Você sempre acaba se esquecendo de si mesmo. Começa a prestar atenção numa placa e se esquece de si mesmo. Alguém passa, você olha e se esquece de si mesmo.

Seus fracassos serão úteis. Eles podem lhe mostrar o quanto você é inconsciente. E mesmo que você só fique consciente do quanto é inconsciente, você já conseguiu uma certa consciência. Se um louco tomar consciência de que é louco, ele estará a caminho da sanidade.

# PARTE II

# Muitas Doenças, Um Só Remédio

*Você tentou não ficar com raiva, tomou essa resolução muitas e muitas vezes, mas ainda não conseguiu cumpri-la. Você tentou não ser ganancioso, mas vive caindo na mesma armadilha. Tentou tudo para mudar a si mesmo, mas nada parece dar resultado. Você continua igual.*

*E aqui estou eu dizendo que existe uma chave muito simples para esse problema — a consciência. Mas você não consegue acreditar. Como é possível resolver isso apenas com a consciência quando nada mais parece funcionar? As chaves são sempre muito pequenas; as chaves não são coisas grandiosas. Uma chavinha de nada é capaz de abrir uma fechadura enorme.*

*Quando as pessoas perguntavam ao Buda: — O que eu faço para não ter raiva, ou para não ser ganancioso, ou para não ser obcecado por sexo ou por comida? —, ele sempre respondia a mesma coisa: — Fique atento. Traga consciência para a sua vida.*

*O discípulo de Buda, Ananda, ficava intrigado ao ouvir as queixas das pessoas dos mais variados tipos — os problemas eram diferentes, mas o remédio*

*que o médico prescrevia era sempre o mesmo. Ananda dizia: — Por que você faz isso? Elas sofrem de doenças diferentes; às vezes é a ganância, às vezes é o sexo, às vezes a comida ou outras coisas do tipo e você recomenda sempre a mesma coisa!*

*Buda respondia: — As doenças dessas pessoas são diferentes, assim como elas podem sonhar com coisas diferentes.*

*"Se duas mil pessoas caírem no sono, elas terão dois mil sonhos diferentes. Mas se você me procurar e perguntar o que fazer para se ver livre desse sonho, o remédio será sempre o mesmo: Acorde! A resposta nunca será diferente disso; o remédio será sempre o mesmo. Você pode chamá-lo de consciência, de testemunho, de lembrança ou de meditação: trata-se de nomes diferentes para o mesmo remédio."*

## CAPÍTULO 5

# O ANALISTA E A TESTEMUNHA

De acordo com a perspectiva ocidental, para se resolver um problema é preciso refletir sobre ele, encontrar suas causas, analisar sua história e seu passado, para assim poder arrancá-lo pela raiz. Descondicionar a mente, ou recondicionar a mente, recondicionar o corpo, arrancar todas as impressões que foram deixadas no cérebro — essa é a abordagem ocidental. A psicanálise investiga a memória; é ali seu campo de ação. Ela investiga a infância, o passado; ela retrocede no tempo. Descobre a origem do problema — talvez cinqüenta anos antes, quando você era criança, o problema tenha surgido no relacionamento com a sua mãe, então a psicanálise se voltará para o passado.

Cinqüenta anos de história! É um caso muito longo, que se arrasta há muito tempo. E mesmo assim, isso não ajuda muito porque existem milhões de problemas; não é apenas uma questão de resolver um único problema. Você pode investigar a história de um problema; pode analisar sua biografia e encontrar as causas. Talvez você consiga eliminar um problema, mas há milhões deles à espera de uma solução. Se começar a analisar cada problema desta sua vida, você precisará de um milhão de vidas para dar conta dessa tarefa! Vou repetir: para solucionar os problemas de uma só vida você precisará nascer não uma ou duas vezes,

76 CONSCIÊNCIA

mas milhões de vezes. Isso é praticamente impossível. Não pode ser feito. E, durante esses milhões de vidas em que você estiver solucionando os problemas desta vida, novos problemas estarão surgindo... e por aí vai. Você estará afundando numa quantidade de problemas cada vez maior. Isso é um absurdo!

Essa mesma abordagem psicanalista também foi usada no corpo: o rolfing, a bioenergética e outros métodos que foram criados procuram eliminar impressões deixadas no corpo, na musculatura. Nesse caso você também tem de estudar a história do corpo. Uma coisa é certa a respeito dessas duas abordagens: elas funcionam de acordo com o mesmo padrão lógico — o de que o problema vem do passado, por isso é no passado que você precisa resolvê-lo.

A mente do ser humano está sempre tentando fazer duas coisas impossíveis. Uma é reformular o passado — ninguém consegue fazer isso. O passado já aconteceu. Você nunca consegue voltar realmente ao passado. Quando pensa que voltou ao passado, o máximo que você conseguiu foi voltar na memória; não se trata do verdadeiro passado, mas só de uma lembrança. O passado não existe mais, por isso não é possível reformulá-lo. Esse é um dos objetivos impossíveis da humanidade e o ser humano sofre muito por causa dele. Você quer apagar o passado e vivê-lo de novo — como é possível fazer isso? O passado é absoluto. Isso significa que todo o potencial dele está acabado; já virou fato. Agora já não existe potencialidade nenhuma para reformulá-lo, desfazê-lo ou refazê-lo. Não há nada que você possa fazer a respeito.

E a segunda idéia impossível que sempre dominou a mente humana é determinar o futuro — o que também não pode ser feito. Futuro é tudo aquilo que ainda não existe; não é possível determiná-lo. Não dá para definir o futuro; ele está sempre em aberto.

O futuro é potencialidade pura; antes que aconteça, você não pode ter nenhuma certeza a respeito dele. O passado é realidade pura; já

O ANALISTA E A TESTEMUNHA          77

aconteceu. Agora não se pode fazer mais nada a respeito. Entre os dois, está o homem no presente, sempre pensando nas impossibilidades. Ele quer que tudo dê certo no futuro, amanhã — isso é impossível. Deixe que essa verdade fique impressa no fundo do seu coração: *isso é impossível!* Não perca tempo tentando fazer com que o futuro seja como você previu. Futuro é sinônimo de incerteza; essa é a essência dele. E também não perca tempo olhando para trás. O passado já aconteceu; é um fenômeno morto. Não há nada que se possa fazer a respeito. O máximo que você pode fazer é interpretá-lo de outra forma, isso é tudo. É isso que a psicanálise faz — reinterpretar o passado. Isso pode ser feito, embora não mude o passado em nada.

Psicanálise e astrologia — a astrologia tenta dar certezas quanto ao futuro e a psicanálise tenta reformular o passado. Nenhuma das duas é ciência. Ambas são impossíveis, embora tenham milhões de seguidores — porque o ser humano gosta disso! Ele quer conhecer o futuro, por isso procura o astrólogo, consulta o I Ching, vai ao tarólogo, e existem milhares de caminhos para a pessoa enganar a si mesma, se fazer de tola. E existem pessoas que dizem que podem mudar o passado — ele as consulta também.

Depois que deixar essas duas coisas de lado, você se livra de muita bobagem. Você não procura nem o psicanalista nem o astrólogo. Você sabe que o passado já ficou para trás — você também o deixou para trás. E o futuro não aconteceu ainda. Quando acontecer, você verá — não há nada que você possa fazer a respeito dele agora. Tudo o que pode fazer é desperdiçar o momento presente, que é o único momento verdadeiro que você tem.

O Ocidente vive preocupado com os problemas, tentando resolvê-los. O Ocidente leva os problemas muito a sério. E, quando você segue uma certa lógica, essa lógica parece perfeita.

Eu estava agora mesmo lendo uma anedota:

78                          CONSCIÊNCIA

Um grande filósofo e um matemático de renome internacional viajavam a bordo do mesmo avião. O matemático estava em sua poltrona, pensando nos grandes problemas da matemática, quando de repente o piloto anunciou: — Sinto informar que o vôo sofrerá um pequeno atraso. O motor número um pifou e estamos voando com três motores apenas.

Dez minutos depois o piloto se pronunciou novamente: — Receio ter de informar que o nosso atraso será um pouco maior — os motores número dois e três também pifaram e só o número quatro está funcionando.

Então o filósofo se virou para seu companheiro de poltrona e disse: — Por Deus! Se o outro pifar também, ficaremos aqui a noite toda!

Quando você está seguindo uma certa linha de raciocínio, algumas coisas acabam parecendo possíveis — coisas absurdas mas possíveis. Se você encarar os problemas humanos com muita seriedade, se começar a encarar o ser humano como um problema, tem de aceitar algumas premissas que já havia estabelecido antes, de modo equivocado. Aí você pode seguir nessa direção indefinidamente, tal como fez uma montanha de livros sobre o fenômeno da mente, sobre a psicanálise. Existem milhões de trabalhos, de tratados e de livros a respeito. Depois que Freud abriu a porta de uma certa lógica, ela dominou o século todo.

O Oriente tem um ponto de vista totalmente diferente. Em primeiro lugar, nenhum problema é considerado sério. No momento em que você diz que nenhum problema é sério, o problema desaparece quase que por completo. Você muda toda a visão que tem dele. Em segundo lugar, o Oriente diz que o problema só existe porque você está *identificado* com ele. Isso não tem nenhuma relação com o passado, nenhuma relação com a história do problema. Você está identificado com ele — essa é que é a verdade. E essa é a chave para resolver todos os problemas.

## O ANALISTA E A TESTEMUNHA

Por exemplo, você é uma pessoa que tem muita raiva. Se for ao psicanalista, ele dirá: — Volte ao passado... como essa raiva aflorou? Em que situação ela ficou mais e mais condicionada e impressa na sua mente? Teremos de desfazer todas essas impressões; teremos de apagá-las todas. Teremos de passar seu passado a limpo.

Se você procurar um místico oriental, ele dirá: — Você acha que você *é* a raiva, sente-se identificado com a raiva, esse é o erro. Da próxima vez que a raiva brotar, assuma a posição de observador, seja só uma testemunha. Não se identifique com ela. Não diga "estou irritado"; não diga "estou com raiva". Contente-se em observá-la como se ela estivesse acontecendo na TV. Olhe para si mesmo como se estivesse olhando para outra pessoa.

Você é consciência pura. Quando as nuvens de raiva se acumularem sobre a sua cabeça, simplesmente observe-as — e continue atento para não se identificar com elas. A coisa toda se resume em saber como você se identifica com o problema. Depois que tiver descoberto isso... não haverá mais essa idéia de ter "tantos problemas" — porque a chave, a mesma chave, abrirá todas as fechaduras. É assim com a raiva, com a cobiça, com o sexo. É assim com tudo que a mente é capaz de criar.

O Oriente diz: "Basta não se identificar." Lembre-se — isso é o que George Gurdjieff quer dizer quando fala de "lembrança de si mesmo". Lembre-se de que você é uma testemunha, fique atento — é isso o que Buda diz. Esteja ciente de que a nuvem está passando sobre você — talvez ela venha do passado, mas isso não interessa. Ela deve ter vindo do passado, não iria aparecer do nada. Deve ser resultado de uma seqüência de eventos — mas isso é irrelevante. Para que se preocupar com isso? Agora, neste exato momento, você pode se desapegar dessa raiva. Pode cortar as amarras que o prendem a ela, pôr abaixo a ponte que os liga agora mesmo — e isso *só* pode ser feito no presente.

Voltar ao passado não ajuda em nada. Trinta anos antes, a raiva irrompeu e nesse dia você se identificou com ela. Não é possível deixar de

# 80     CONSCIÊNCIA

se identificar com uma raiva que você sentiu no passado — ela não está mais lá! Mas você pode deixar de se identificar com a raiva que sente *neste* momento, neste mesmo instante — e isso fará com que toda a série de raivas que sentiu no passado deixe de fazer parte de você. Você não terá de voltar e apagar tudo que seus pais, a sociedade, os padres e a igreja fizeram — isso seria desperdiçar um tempo precioso do seu presente. Essa raiva já destruiu muitos anos da sua vida; agora, novamente, destruirá seus momentos presentes. Você pode simplesmente descartá-la, assim como uma cobra se livra de uma pele velha.

O passado e seus condicionamentos de fato existem — mas eles existem ou no seu corpo ou no seu cérebro; não existem na sua consciência, pois a consciência não pode ser condicionada. A consciência permanece livre — a liberdade é sua maior qualidade, é sua própria natureza. Você pode olhar — tantos anos de repressão, tantos anos recebendo uma certa educação. No momento em que você olha para isso, essa consciência não está mais identificada; do contrário, quem estaria consciente? Se você, na verdade, já tivesse *ficado* reprimido, então quem estaria consciente? Se não fosse assim, não haveria como ficar consciente.

Se você consegue dizer "Trinta e um anos no mesmo sistema educacional insano", uma coisa é certa: você ainda não está louco. O sistema fracassou, não funcionou. Jayananda, você não está louco, por isso você pode ver todo o sistema como uma loucura. Um louco não poderia perceber que está louco. Só uma pessoa de posse das suas faculdades pode ver que isso é loucura. Para reconhecer a loucura como loucura, é preciso sanidade. Esses trinta e um anos de um sistema enlouquecido não adiantaram nada; todo esse condicionamento repressor falhou. Na realidade, ele não pode ter sucesso — ele só é bem-sucedido na proporção em que você se identifica com ele. Você pode cair fora a qualquer momento — ele existe, não estou dizendo que não exista, mas não faz mais parte da sua consciência.

## O ANALISTA E A TESTEMUNHA

*81*

Essa é a beleza da consciência — ela é capaz de se livrar de qualquer coisa. Não existe barreira para ela, nenhum limite. Um minuto atrás você era um cidadão inglês — que entende essa bobagem de nacionalismo; um minuto depois você não é mais. Não estou dizendo que a sua pele vá deixar de ser branca; ela vai continuar branca — mas você não vai estar mais identificado com essa cor; não será mais contra a cor negra. Você consegue enxergar a estupidez disso tudo. Não estou dizendo que basta você deixar de se ver como um cidadão inglês para esquecer que fala inglês, não é isso. O inglês ainda estará aí na sua memória, mas a consciência terá se esgueirado para fora, ela estará no alto da montanha, observando o vale — agora, o cidadão inglês está morto no vale e você está sobre as montanhas, muito longe dali, intacto, sem nenhum apego.

Toda a metodologia oriental pode ser reduzida a uma só palavra: testemunhar. E toda a metodologia ocidental pode ser reduzida a uma só coisa: analisar. Quando analisa, você fica andando em círculos. Quando testemunha, você simplesmente sai do círculo.

A análise é um círculo vicioso. Se de fato mergulhar numa análise, você ficará simplesmente perplexo — como é possível? Se, por exemplo, você tentar voltar ao passado, onde é que isso vai acabar? Exatamente onde? Se voltar ao passado, saberá onde começou sua sexualidade? Quando você fez 14 anos? Mas então ela surgiu do nada? Ela já devia estar se desenvolvendo no seu corpo antes disso, mas quando começou? Quando você nasceu? Mas, quando estava no útero da sua mãe, você já não tinha sexo? Então, quando? No momento em que você foi concebido? Mas, antes disso, metade da sua sexualidade já estava madura no óvulo da sua mãe e metade dela já estava amadurecendo no esperma do seu pai. Então continue... onde isso vai acabar? Você terá de ir até Adão e Eva! E mesmo então não encontrará um fim; você terá de ir até o Próprio Deus Pai — afinal, quem foi que criou Adão?...

## CONSCIÊNCIA

A análise sempre ficará incompleta, por isso ela nunca ajuda ninguém de fato. Não pode ajudar. Ela faz com que você se ajuste um pouco mais à realidade, isso é tudo. Trata-se de um tipo de ajuste, ela ajuda você a entender um pouquinho mais os seus problemas, sua gênese, como eles surgiram. E essa pequena compreensão intelectual ajuda você a se ajustar melhor à sociedade, embora você continue sendo a mesma pessoa. A análise não transforma ninguém, não provoca nenhuma mudança radical.

O testemunho é uma revolução. É uma mudança radical de todas as raízes. Ele dá à luz um ser humano totalmente novo, pois liberta sua consciência de todos os condicionamentos. Os condicionamentos estão ali, no corpo e na mente, mas a consciência continua sem condicionamentos. Ela é pura, é sempre pura. É virgem; sua virgindade não pode ser violada.

A abordagem oriental leva você a ficar mais atento a essa consciência virginal, a essa pureza, a essa inocência. O Oriente põe a ênfase no céu; o Ocidente, nas nuvens. As nuvens têm uma gênese; se você quiser descobrir de onde elas vêm, terá de começar pelo oceano, depois passar para os raios do sol e então para a evaporação da água e a formação das nuvens... você pode continuar indefinidamente, mas andará em círculos. As nuvens se formam e vêm novamente, apaixonam-se pelas árvores, começam a cair sobre a terra em forma de chuva, transformam-se em rios, vão para o mar, começam a evaporar, voltam a subir sob o calor dos raios do sol, transformam-se em nuvens, caem mais uma vez sobre a terra... e percorrem esse mesmo ciclo inúmeras vezes. É uma roda. De onde você veio? Uma coisa leva a outra e você entrará na roda.

O céu não tem uma gênese. O céu não foi criado; nada o produziu. Na verdade, para que qualquer coisa venha à existência, é preciso ter um céu; isso é um imperativo, uma prioridade; para que qualquer coisa possa existir é preciso que antes exista um céu. Você pode pergun-

O ANALISTA E A TESTEMUNHA 83

tar a um teólogo cristão e ele dirá: — Deus criou o mundo. — Pergunte a ele se antes de Deus criar o mundo havia ou não um céu. Se não havia, onde Deus costumava existir? Ele certamente precisava de um espaço. Se não havia nenhum espaço, onde ele criou o mundo? Onde ele colocou o mundo? É preciso que haja um espaço, até mesmo para que Deus exista. Você não pode dizer: "Deus criou o espaço." Isso seria um absurdo, pois assim ele não teria nenhum espaço para existir. O espaço tem de preceder Deus.

O céu sempre existiu. A abordagem oriental leva você a tomar consciência do céu. A abordagem ocidental faz com que você fique cada vez mais consciente das nuvens e isso o ajuda um pouco, mas não o leva a tomar consciência da sua essência mais profunda. Da circunferência, sim, você fica um pouco mais consciente da circunferência, mas não do centro. E a circunferência é um ciclone.

Você precisa encontrar o centro do ciclone. E isso só acontece por meio do testemunho.

O testemunho não mudará seu condicionamento. O testemunho não mudará a musculatura do seu corpo. Mas ele lhe proporcionará uma experiência que transcende qualquer musculatura, que está muito além de qualquer condicionamento. Nesse momento de transcendência, não existe nenhum problema — não para você.

E a partir daí a responsabilidade é sua. O corpo ainda carregará a musculatura e a mente ainda carregará o condicionamento — o resto será com você. Se você, às vezes, sentir falta de um problema, pode penetrar na mente-corpo, conseguir um problema e se divertir com ele. Se não quiser ter problema nenhum, não precisa. Os problemas continuarão sendo uma impressão no fenômeno corpo-mente, mas você estará num lugar à parte, longe deles.

É assim que vive um buda. Você usa a memória, um buda também usa a memória — mas ele não se identifica com ela. Ele usa a memória co-

*84* CONSCIÊNCIA

mo um mecanismo. Por exemplo, eu estou usando a linguagem. Quando preciso usar a linguagem, uso a mente e todas as impressões, mas como um *continuum*, não sou a mente; essa consciência não me falta. Por isso continuo sendo o amo, a mente continua sendo uma serva. Quando a mente é requisitada, ela vem; ela passa a ter utilidade — mas não pode dominar.

Portanto, os problemas existirão, mas existirão em forma seminal no corpo e na mente. Como você pode mudar o passado? Você era católico no passado; se por quarenta anos você foi católico, como é que você pode mudar esses quarenta anos e não ser católico? Não, esses quarenta anos continuarão sendo um período em que você foi católico — mas você pode escapar disso. Agora você sabe que se tratava apenas de identificação. Esses quarenta anos não podem ser extirpados, e não há necessidade de que sejam. Se você é senhor de si mesmo, não existe nenhuma necessidade. Você até pode usar esses quarenta anos de outra forma, de um jeito criativo. Até mesmo uma educação insana pode ser usada de um jeito criativo.

Todas as impressões deixadas no cérebro, na musculatura do corpo... tudo isso ficará ali, mas em forma de semente — estará ali *potencialmente*. Se você se sentir muito sozinho e quiser ter problemas, você poderá arranjá-los. Se se sentir muito infeliz sem a sua infelicidade, você poderá consegui-la de volta. Ela continuará à sua disposição, mas não haverá nenhuma necessidade de tê-la, necessidade nenhuma. Será uma questão de escolha.

\* \* \*

O testemunho é uma técnica de centramento. Já comentamos sobre o centramento — o ser humano pode viver de dois jeitos: ele pode viver na sua periferia ou pode viver no seu centro. A periferia pertence ao ego e o centro pertence ao ser. Se você viver de acordo com o ego, estará sempre relacionado com o outro. A periferia está relacionada com o outro.

## O ANALISTA E A TESTEMUNHA

Faça o que fizer, isso não será uma ação, será sempre uma reação — você sempre faz algo em resposta a algo que fizeram a você. Na periferia não existe ação, tudo é reação — nada parte do seu centro. Num certo sentido, você não passa de um escravo das circunstâncias. Você não está fazendo nada; antes, está sendo forçado a fazer.

No centro, a situação muda dramaticamente. Quando está no centro, você começa a agir; pela primeira vez você começa a existir não como um *relata*, mas por si mesmo.

Buda estava passando por uma aldeia. Algumas pessoas estavam com muita raiva de seus ensinamentos, pois eram totalmente contra eles. Elas o trataram mal e o insultaram. Buda ouviu tudo em silêncio e então disse: — Se vocês acabaram, então deixem-me continuar. Eu tenho de chegar à próxima aldeia, pois esperam por mim. Se tiverem mais alguma coisa em mente, quando eu passar por aqui na volta, vocês poderão terminar.

As pessoas então responderam: — Nós tratamos você mal e o insultamos também. Você não vai revidar?

Em resposta Buda disse: — Eu nunca reajo. O que vocês fazem só diz respeito a vocês. Eu nunca reajo, vocês não podem me forçar a fazer nada. Podem me tratar mal; isso é com vocês. Eu não sou um escravo. Tornei-me um homem livre. Ajo a partir do meu centro, não da minha periferia; e seus maus-tratos só atingiram a minha periferia, não o meu centro. Meu centro permanece intacto.

Você se deixa atingir não porque seu centro é atingido, mas pelo simples fato de não ter um centro. Você é apenas periferia; está identificado com a periferia. A periferia sempre é atingida por tudo — tudo o que acontece. Ela é só a sua fronteira, por isso, seja o que for que aconteça, isso sempre a atingirá, e você não tem nenhum centro. No momento em que tiver um centro, você conseguirá uma distância de si mesmo —

conseguirá uma distância com relação à periferia. Alguém poderá tratar mal a periferia, mas não você. Você permanecerá à parte, neutro — existirá uma distância entre você e o seu eu. Entre você como periferia e você como centro existirá uma certa distância. E essa distância não poderá ser percorrida por nenhuma outra pessoa, pois ninguém pode invadir o seu centro. O mundo exterior só pode atingir você perifericamente.

Então Buda disse: — Agora estou centrado. Dez anos antes seria diferente; se tivessem me tratado mal, eu reagiria. Mas agora eu só ajo.

Procure entender bem a diferença entre reação e ação. Você ama alguém porque alguém ama você. Buda também ama você, mas não porque você o ame; isso para ele é irrelevante. Se você o ama ou o odeia, isso é irrelevante — ele ama você porque isso é uma *ação*, não uma reação. A ação parte de você, a reação é algo imposto sobre você. Centramento significa que agora você começou a agir.

Um outro ponto que é bom lembrar: quando você age, a ação é sempre total. Quando reage, a reação nunca pode ser total. Ela é sempre parcial, fragmentada, pois, quando eu ajo a partir da minha periferia — ou seja, quando eu *reajo* —, essa atitude não pode ser total, pois, na verdade, eu não participo dessa reação. Só a minha periferia participa, por isso ela não pode ser total. Portanto, se você ama a partir da periferia, seu amor talvez nunca seja total — ele é sempre parcial. E isso significa muito, pois se o amor é parcial então o espaço que sobra será preenchido pelo ódio. Se a sua bondade é parcial, o espaço que resta será preenchido pela crueldade. Se o seu bem é parcial, então quem preencherá o espaço que resta? Se o seu Deus é parcial, então você precisará de um Demônio para preencher o espaço que resta.

Isso significa que o ato parcial é sempre contraditório; sempre está em conflito consigo mesmo. A psicologia moderna diz que você ama

O ANALISTA E A TESTEMUNHA 87

e odeia ao mesmo tempo. Sua mente é anfíbia, contraditória — com o mesmo objeto você se relaciona com amor e ódio. E se ali existe amor e ódio, então vai haver confusão — uma tremenda confusão. Sua bondade se mistura com crueldade, sua caridade é furto e sua prece passa a ser um tipo de violência. Mesmo que você tente ser um santo na periferia, sua santidade tende a se tingir de pecado. Na periferia, tudo tende a ser autocontraditório.

Somente quando você age a partir do centro é que a sua ação é total. E, quando sua ação é total, ela tem uma beleza que é só dela. Quando a ação é total, ela está sempre de acordo com o momento. Quando a ação é total, você não carrega consigo a lembrança dessa ação — você não precisa! Quando a ação é parcial, ela é uma coisa suspensa, inacabada.

Você come alguma coisa — se esse ato é parcial, quando acaba de comer, você continua comendo mentalmente. Esse ato ficará em suspenso. Só uma coisa total pode ter um começo e um fim. Uma coisa parcial é só uma série contínua, sem começo nem fim. Você está em casa e carrega consigo a sua loja e o supermercado onde esteve. Você está na sua loja e carrega com você sua casa e as tarefas domésticas. Você vive com tanto peso nas costas que nunca está — nunca consegue estar —, nem por um instante, totalmente no presente. Esse é o peso, o peso e a tensão que você carrega na mente, no coração.

O ato total tem começo e fim. Ele é atômico; não é uma série. Ele está ali e então não está mais. Com o ato total você fica livre para explorar o desconhecido. Do contrário você continua na velha trilha de terra batida, a mente se torna uma trilha de terra batida. Você continua andando em círculos, num círculo vicioso. Pois o passado nunca acaba; ele se transforma em presente. E a partir daí continua, invadindo o futuro.

Portanto, na verdade, a mente parcial, a mente periférica, carrega consigo todo o seu passado — e o passado é um verdadeiro trambolho! Mesmo que você não leve em conta as vidas passadas, mesmo assim, o passado é um trambolhão. Cinqüenta anos de experiências, algumas belas e outras não tão belas, mas todas inacabadas — tudo está inacabado, por isso você continua carregando nas costas um longo passado de cinqüenta anos que já está morto. Esse passado morto investirá contra um único instante do presente — está prestes a matá-lo!

Por isso você não consegue viver, é impossível. Com todo esse passado sobre você, não dá para viver — cada momento desta vida é tão novo e tão delicado, todo esse passado morto vai cair sobre ele e matá-lo. Ele o está matando! Seu passado continua aniquilando seu presente e, quando o presente está aniquilado, ele se torna parte do fardo. Quando o presente está vivo, ele não faz parte de você — quando morre, quando é aniquilado pelo seu passado morto, então ele se torna seu, passa a fazer parte de você. É essa a situação em que você está.

No momento em que você começa a agir a partir do centro, todo ato é total, é atômico. Ele está ali e então não está mais. Você fica completamente livre dele. Pode se movimentar sem carregar com você nenhum fardo — livre de qualquer carga. Só assim você é capaz viver um novo momento, indo ao encontro dele com um ar de frescor. Mas você só consegue isso se não for preciso carregar com você o fardo do passado.

Se o passado estiver inacabado, você precisará carregá-lo — a mente tem a tendência de terminar tudo. Se uma coisa está inacabada, é preciso carregá-la. Se, ao longo do dia, você não conseguiu terminar uma tarefa, você acaba sonhando com ela à noite, pois a mente tem a tendência de terminar tudo. No momento em que você a termina, a mente se vê livre dela. A menos que você a acabe, a mente não pára de pensar nela.

Não importa o que você esteja fazendo — amor, sexo, amizade —, tudo continua inacabado. E você não pode fazer disso um ato total enquanto fica na periferia. Então, como ficar centrado em si mesmo? Como chegar a esse centro e sair da periferia? A melhor técnica é testemunhar.

O ANALISTA E A TESTEMUNHA
89

Essa palavra, *testemunhar*, tem um significado profundo. Existem centenas de técnicas de centramento, mas o testemunho será sempre uma peça básica em qualquer técnica. Independentemente da técnica que você praticar, o testemunho será sempre uma parte essencial dessa técnica. Por isso, o melhor seria chamá-lo de a técnica das técnicas. Não se trata simplesmente de uma técnica; o processo de testemunho é a parte essencial de *todas* as técnicas.

Também pode-se considerar o testemunho uma técnica, pura e simplesmente. Por exemplo, J. Krishnamurti — ele trata o testemunho como uma técnica pura. Mas isso é o mesmo que falar do espírito sem o corpo. Você não pode sentir o espírito, não pode vê-lo. Sempre que o espírito está incorporado — você pode senti-lo *por meio* do corpo. É claro que o espírito não é o corpo, mas você pode senti-lo por meio dele. As técnicas são apenas o corpo, enquanto o testemunho é a alma. Você pode falar do testemunho independentemente de qualquer corpo, de qualquer matéria, mas ele fica abstrato, totalmente abstrato. Por isso, Krishnamurti tem falado continuamente há meio século, mas tudo o que ele fala é tão puro, tão incorpóreo que a pessoa pensa que está entendendo o que ele diz e não percebe que esse entendimento não passa de um conceito.

Neste mundo não existe nada na forma de espírito puro. Tudo o que existe está incorporado. O testemunho é o espírito de todas as técnicas, e todas as técnicas são corpos, corpos diferentes.

Portanto, primeiro é preciso entender o que significa testemunho, para então entender o testemunho por meio de alguns corpos, de algumas técnicas.

Nós sabemos pensar, e é preciso começar com o ato de pensar para então saber o que significa testemunhar, pois temos de começar a partir de algo que já conhecemos. Nós sabemos pensar — pensar significa fazer julgamentos; você vê uma coisa e a julga. Você vê uma flor e diz

## CONSCIÊNCIA

que ela é bela ou que não é. Você ouve uma canção e gosta dela ou então não gosta. Você aprova alguma coisa ou a desaprova. Pensar é julgar — no momento em que você pensa, você começa a julgar.

Pensamento é avaliação. Você não consegue pensar sem avaliar. Como você pode pensar numa flor sem avaliá-la? No momento em que começa a pensar, você diz se ela é bonita ou não. Você terá de usar alguma categoria, pois pensar é dividir em categorias. No momento em que você categoriza uma coisa — rotula, nomeia essa coisa —, você já pensou sobre ela.

Pensar fica impossível se você não puder julgar. Se não puder julgar, você só poderá continuar consciente — mas não poderá pensar.

A flor está aqui e eu digo a você: — Veja a flor, mas não pense. Olhe para a flor, mas não pense. — Então o que você fará? Se não puder pensar, o que você vai fazer? Você só poderá testemunhar, só poderá ficar consciente. Só poderá ficar consciente da flor. Poderá constatar o fato — a flor está aqui. Só então você conseguirá encontrá-la. Como não pode pensar, você não poderá dizer "Que linda! Que feia! Eu conheço essa flor" ou "Estranho, nunca vi essa flor". Você não vai poder dizer nada. Não será possível usar palavras porque cada palavra tem um valor inerente. Toda palavra é um julgamento. A linguagem carrega o fardo do julgamento; ela nunca pode ser imparcial. No momento em que usa uma palavra, você está julgando.

Portanto, você não pode usar a linguagem, não pode verbalizar. Se eu disser: "Isto é uma flor — olhe para ela, mas não pense", não será possível verbalizar. Então o que você poderá fazer? Só poderá ser uma testemunha. Se ficar ali sem pensar, só olhando para ela, você estará testemunhando. O testemunho significa, então, consciência passiva. Lembre-se — passiva. O pensamento é ativo, você está fazendo algo. Não importa o que esteja vendo, você estará fazendo algo com isso. Não estará sendo apenas passivo, não será como um espelho — estará fazendo alguma coisa. E, no momento em que fizer algo, você mudará essa coisa.

O ANALISTA E A TESTEMUNHA 91

Eu vejo uma flor e digo: "Que linda!" — já a mudei. Eu impus algo sobre a flor. Seja a flor que for, para mim será uma flor acrescida do meu sentimento de que ela é bonita. Agora a flor está distante; entre ela e eu está meu julgamento, a avaliação que fiz da sua beleza. Agora a flor já não é a mesma para mim; sua qualidade é outra. Eu invadi essa qualidade — agora meu julgamento invadiu o fato. Agora ele é muito mais uma ficção do que um fato.

Esse sentimento de que a flor é bonita não pertence à flor; pertence a mim. Eu interferi no fato. Ele deixou de ser virgem, pois eu o corrompi. Agora a minha mente faz parte dele. Na verdade, dizer que a minha mente faz parte dele é o mesmo que dizer que meu passado faz parte dele, pois, quando eu digo "Esta flor é linda", isso significa que eu a julguei tomando por base o conhecimento que eu já tinha. Como você pode afirmar que essa flor é linda? Com base nas suas experiências do passado, nos seus conceitos do passado, de que algo como essa flor é linda — você a julgou de acordo com o seu passado.

Mente significa passado, lembranças. O passado interfere no presente. Você destruiu um fato virgem; agora ele está distorcido. Não existe mais nenhuma flor — a flor como uma realidade em si não existe mais. Foi corrompida por você, destruída por você. Seu passado se interpôs. Você interpretou — isso é que é pensar. Pensar significa trazer o passado para um fato do presente.

É por isso que o pensamento nunca pode levar você a conhecer a verdade — pois a verdade é virgem e tem de ser encarada em sua total virgindade. No momento em que traz de volta o passado, você a destrói. A partir daí passa a existir uma interpretação, não a percepção do fato. Você o corrompeu, destruiu sua pureza.

Pensar significa trazer o passado para o presente. O testemunho significa nenhum passado, só o presente — sem a evocação do passado.

O testemunho é passivo. Você não está fazendo nada — você é! Você simplesmente está ali. Você só está presente. A flor está presente, você está presente — existe uma relação de testemunho. Quando a flor está presente e todo o seu passado também está presente, e não você, então existe uma relação de pensamento.

Comece, portanto, a partir do ato de pensar. O que é pensar? É levar a mente para o presente. Você está deixando de perceber o presente — deixando-o passar em brancas nuvens! No momento em que o passado invade o presente, você deixa de percebê-lo. Quando você diz: "Esta flor é bonita", na verdade ela se transformou em passado. Quando você diz: "Esta flor é bonita", trata-se de uma experiência do passado. Você conheceu a flor, você julgou.

Quando a flor está ali e você também está, não é possível sequer dizer que ela é bonita. Não é possível emitir nenhum julgamento no presente. Qualquer julgamento, qualquer afirmação que seja, pertence ao passado. Se eu disser: "Amo você", isso se transforma em algo que já passou. Se eu disser: "Esta flor é linda", eu já senti e já julguei — ela se tornou passado.

O testemunho é sempre presente, nunca passado. O pensamento é sempre passado. Ele está morto, o testemunho está vivo. Portanto, a próxima distinção... Primeiro, pensar é algo ativo, é fazer alguma coisa. O testemunho é passivo, é não fazer, só ser. O pensamento é sempre passado, é sempre algo morto, que já acabou, que não existe mais. O testemunho é sempre presente — é isso o que ele é.

Por isso, se continuar a pensar, talvez você nunca descubra o que é testemunhar. Pare, pare de pensar, comece a testemunhar. Testemunhar é parar de pensar.

Fazer o quê, então? — afinal, pensar é um hábito que cultivamos há muito tempo. Ficou robotizado, uma coisa mecânica. Não é que *você* pense; isso já deixou de ser uma decisão sua; trata-se de um hábito mecânico — não há nada que você possa fazer. No momento em que você vê a flor, o pensamento já se inicia. Nós não temos experiências

O ANALISTA E A TESTEMUNHA                    93

não-verbais; só as crianças pequenas têm. A experiência não-verbal é a experiência *de verdade*. Verbalizar é fugir da experiência.

Quando eu digo: "Esta flor é linda", a flor desaparece da minha frente. Agora é a minha mente que me interessa, não a flor. Agora, é a imagem mental que eu faço da flor, não a flor de fato. A flor de verdade vira uma representação mental, um pensamento na minha cabeça, e eu posso compará-la com as minhas experiências passadas e julgá-la. Mas a flor de verdade já não está mais ali.

Quando verbaliza, você se fecha para a experiência. Quando está não-verbalmente consciente, você está aberto, vulnerável. Testemunhar significa ficar constantemente aberto à experiência, e não fechado.

O que fazer? Esse hábito mecânico que chamamos de "pensar" tem de ser abandonado. Portanto, faça que você fizer, procure não verbalizar. É difícil, é penoso, e no começo parece absolutamente impossível, embora não seja. Não é impossível — só é difícil. Você está andando na rua — ande sem verbalizar. Contente-se em andar, mesmo que seja só por alguns segundos, e você terá um vislumbre de um mundo diferente — um mundo não-verbal, o mundo de verdade, não o mundo mental que o homem criou dentro dele.

Você está comendo — coma sem verbalizar. Alguém perguntou a Bokuju, um grande mestre zen: — Qual o seu caminho? Qual é a sua senda?

Então Bokuju respondeu: — Meu caminho é muito simples: quando estou com fome, eu como; quando estou com sono, eu durmo... e isso é tudo.

O homem ficou confuso. Disse então: — O que você está dizendo? Eu também como e também durmo, e todo mundo faz o mesmo. Então o que é isso que você chama de caminho?

Bokuju disse: — Quando está comendo, você está fazendo muitas coisas, não só comendo. E, quando está dormindo, está fazendo de tudo menos dormindo. Mas, quando eu como, eu simplesmente como; quando durmo, eu simplesmente durmo. Todo ato é total.

Todo ato fica total se você é não-verbal. Então tente comer sem nenhuma verbalização em mente, sem nenhum pensamento na cabeça. Só coma, e então o comer se torna uma meditação — pois, se você é não-verbal, você se torna uma testemunha.

Se é verbal, você se torna um pensador, não uma testemunha. Se é não-verbal, você não pode fazer nada a respeito, não pode ajudar em nada — só será uma testemunha, automaticamente. Por isso, tente fazer qualquer coisa que seja sem verbalizar: andar, comer, tomar banho ou simplesmente se sentar em silêncio. Mas só fique sentado — *seja* o "sentar-se". Não pense. A partir de então, o simples ato de ficar sentado torna-se uma meditação; o simples caminhar pode se tornar uma meditação.

Uma outra pessoa pediu a Bokuju: — Ensine-me uma técnica de meditação.

Bokuju disse: — Posso lhe ensinar uma técnica, mas você não conseguirá meditar; pois você pode praticar uma técnica com uma mente que verbaliza. Seus dedos podem percorrer um rosário e você continuar pensando. Se os seus dedos só percorressem o rosário sem que você pensasse, isso seria uma meditação. Na verdade, nenhuma técnica seria necessária. A vida como um todo já é uma técnica.

Portanto, Bokuju disse: — Seria melhor se você ficasse comigo e me observasse. Não peça por um método, simplesmente me observe e você descobrirá.

O pobre homem observou por uma semana. E começou a ficar ainda mais confuso. Depois de uma semana ele disse: — Quando cheguei aqui, eu não estava tão confuso. Agora estou mais confuso ainda. Observei-o por sete dias inteiros: o que há para observar?

## O ANALISTA E A TESTEMUNHA

Bokuju disse: — Então você não observou direito. Quando eu ando, você reparou?, eu simplesmente ando. Quando você me traz o chá pela manhã, você observou?, eu simplesmente pego a xícara e bebo o chá. Bebo apenas. Não existe nenhum Bokuju... é só o beber. Nenhum Bokuju... só o beber do chá. Você observou? Se observou, então você percebeu que Bokuju não existia mais.

Esse é um ponto extremamente sutil — pois se existe um pensador, então existe um ego; existe um Bokuju ou outro qualquer. Mas, se ali só existe a ação, sem nenhuma verbalização, sem nenhum pensamento, então ali não existe um ego. Então Bokuju disse: — Você observou de fato? Não havia nenhum Bokuju ali — só o beber do chá, o andar pelo jardim, o cavar um buraco na terra.

Em decorrência disso, Buda afirmou que não existe alma. Como não observou, você continuou a pensar que tinha uma alma. Você não é! Se for uma testemunha, então você não é. O "eu" forma a si mesmo por meio dos pensamentos.

Só mais uma coisa: pensamentos acumulados, lembranças acumuladas, criam o sentimento do ego, de que você *é*.

Faça essa experiência: deixe todo o seu passado para trás — fique em nenhuma lembrança. Você não sabe quem são seus pais, não sabe a quem pertence — a que país, a que religião, a que raça. Não sabe onde você foi educado, se foi educado em algum lugar ou não. Esqueça todo o seu passado — e lembre-se de quem você é.

Você não consegue se lembrar de quem é! Você é alguém, obviamente. Mas quem? Neste momento, você não consegue sentir um "eu".

O ego é só passado acumulado. O ego é o seu pensamento condensado, cristalizado.

Então Bokuju disse: — Se você me observou, viu que eu não sou. Havia o ato de beber o chá, mas não alguém que o bebesse. O cami-

96 CONSCIÊNCIA

nhar estava ali, no jardim, mas não havia quem caminhasse. A ação estava ali, mas não o ator.

No testemunho, não existe um senso de "eu" — no pensamento existe. É por isso que os chamados pensadores estão tão arraigados em seus egos; isso não é mera coincidência. Artistas, pensadores, filósofos, pessoas do meio literário — se são todos tão egocêntricos, isso não é mera coincidência. Quanto mais pensamentos você tem, maior é o seu ego.

No testemunho, não existe ego — mas isso só ocorre se você conseguir transcender a linguagem. A linguagem é a barreira; você precisa da linguagem para se comunicar com os outros; não precisa dela para se comunicar consigo mesmo. Trata-se de um instrumento útil — ou melhor, o instrumento mais útil que existe. O homem só pôde criar uma sociedade, um mundo, porque existia a linguagem. Mas, por causa da linguagem, o homem se esqueceu de si mesmo.

A linguagem é o nosso mundo. Se, por um único instante, o homem se esquecer da linguagem, então o que restará? Cultura, sociedade, hinduísmo, cristianismo, comunismo — o que restará? Nada. Se a linguagem deixa de existir, toda a humanidade, com sua cultura, civilização, ciência, religião, filosofia, desaparece.

A linguagem é uma comunicação com os outros; é a única comunicação. É útil, mas é perigosa — e na mesma medida em que um instrumento é útil, ele também é perigoso. O perigo é este: quanto mais a mente usa a linguagem, mais longe ela fica do centro. Por isso, é preciso um equilíbrio sutil e um domínio sutil para a pessoa ser capaz de usar a linguagem e também ser capaz de deixá-la de lado, de sair fora dela.

Testemunhar significa sair da linguagem, da verbalização, da mente.

O testemunho é um estado de não-mente, de não-pensar.

Então, tente! É duro, e nada é previsível — mas tente, pois esse esforço lhe proporcionará alguns momentos em que a linguagem desapa-

O ANALISTA E A TESTEMUNHA 97

rece. E então uma nova dimensão se abre. Você toma consciência de um novo mundo — o mundo da simultaneidade, o mundo do aqui e agora, o mundo da não-mente, o mundo da realidade.

A linguagem tem de evaporar. Portanto, procure fazer atos comuns, movimentos corporais, sem usar a linguagem. Buda usava essa técnica para observar a respiração. Ele dizia aos discípulos: — Continuem a observar sua respiração. Não façam nada além disso: só observem o ar entrando e saindo, entrando e saindo. — Não se trata de dizer isso, mas de sentir o ar entrando e saindo, sem palavras. Sinta o ar entrando, siga o percurso que ele faz, deixe que a sua consciência entre em seu corpo junto com a respiração. Faça com que ela entre e saia. Continue a acompanhar a respiração. Fique alerta!

Segundo relatos, Buda dizia: — Não deixe escapar sequer uma inspiração. Fisiologicamente, se isso acontecer, você está morto; e, se uma única inspiração escapar da consciência, você perderá o centro, ficará morto por dentro. — E Buda continuou: — A respiração é essencial para a vida do corpo, e a consciência da respiração é essencial para a vida do centro interior.

Respire, fique consciente. E, se está tentando ficar consciente da sua respiração, você não pode pensar, pois a mente não pode fazer duas coisas ao mesmo tempo — pensar e testemunhar. O próprio fenômeno do testemunho é absolutamente, diametralmente oposto ao pensamento, portanto, você não pode fazer ambos. Assim como você não pode estar vivo e morto ao mesmo tempo, não pode estar dormindo e acordado ao mesmo tempo, você não pode pensar e testemunhar ao mesmo tempo. Testemunhe alguma coisa e o pensamento cessará. Comece a pensar e o testemunho desaparece.

O testemunho é uma consciência passiva, sem nenhuma ação. A consciência em si não é uma ação.

98                           CONSCIÊNCIA

Houve um dia em que Mulla Nasruddin estava muito preocupado, remoendo um assunto. Qualquer um podia olhar o seu rosto e ver que ele estava perdido em pensamentos, muito tenso e angustiado. A mulher dele ficou alarmada e perguntou: — O que está fazendo Nasruddin? O que está pensando? Qual é o problema? Por que está tão preocupado?

Mulla abriu os olhos e disse: — Esse é o problema derradeiro. Estou pensando em como uma pessoa sabe quando está morta. Como ela sabe que está morta? Se estou morto, como vou reconhecer que estou morto? Porque eu não conheço a morte. Para reconhecer uma coisa você precisa antes conhecê-la.

— Eu vejo você e reconheço que você é A ou B ou C, porque eu conheço você. A morte eu não conheço — disse Mulla. — E, quando ela vier, como vou reconhecê-la? É esse o problema, e eu estou muito preocupado. E, quando eu estiver morto, não vou poder perguntar para ninguém, portanto essa porta também está fechada. Não posso recorrer a nenhuma escritura; nenhum professor poderá me ajudar.

A mulher riu e disse: — Você está se preocupando à toa. Quando a morte chega, a pessoa percebe imediatamente. Quando chegar a sua hora, você saberá, porque você ficará frio como gelo. — Mulla ficou aliviado: um sinal, a chave, estava em suas mãos.

Uns dois ou três meses depois, ele estava cortando lenha na floresta. Era uma manhã de inverno e tudo estava gelado. De repente ele lembrou e sentiu as mãos: elas estavam frias. Ele disse, então: — Agora essa! A morte está chegando, eu estou longe de casa e nem posso avisar ninguém. E, agora, o que é que eu faço? Esqueci de perguntar à minha mulher. Ela me disse o que a pessoa sente, mas o que ela tem de fazer quando a morte chega? Agora não há ninguém aqui e tudo está ficando cada vez mais frio.

Então ele se lembrou. Ele já tinha visto muitas pessoas mortas; então ele pensou: — É melhor me deitar. — Isso era tudo o que ele via

# O ANALISTA E A TESTEMUNHA

as pessoas mortas fazerem, por isso ele se deitou. Evidentemente, ele ficou com mais frio ainda... a morte tinha chegado. O burrico de Mulla estava descansando ali perto, sob uma árvore. Dois lobos, pensando que Mulla estivesse morto, atacaram o burro. Mulla abre os olhos, os vê e pensa: — Um morto não pode fazer nada. Estivesse eu vivo, seus lobos, e vocês não se dariam o direito de tais liberdades com meu burro. Mas agora eu não posso fazer mais nada. Nunca ouvi dizer que os mortos pudessem fazer alguma coisa. Só posso testemunhar.

Se você morrer para o seu passado, morrer totalmente, você só vai poder testemunhar. O que mais poderá fazer? Testemunhar significa morrer para o passado — memória, pensamento, tudo. E, no momento presente, o que você pode fazer? Só pode testemunhar. Nenhum julgamento é possível — só é possível julgar com base em experiências passadas. Nenhuma avaliação é possível — só é possível avaliar tomando-se por base avaliações passadas. Nenhum pensamento é possível — só é possível pensar se o passado estiver ali, se ele for trazido para o presente. Então o que você pode fazer? Pode testemunhar.

Na antiga literatura sânscrita, o mestre é definido como a morte — *acharya mrityuh*. No Upanixade Katha, Nachiketa é enviado para Yama, o deus da morte, para aprender com ele. E, quando Yama, o deus da morte, apresenta inumeráveis tentações a Nachiketa: "Fique com isto, com o reino, com todas estas riquezas, com cavalos, elefantes, isto e aquilo", uma enorme lista de coisas, este diz: — Vim aprender o que é morte, pois, a menos que eu saiba o que ela é, não saberei o que é vida.

Portanto, antigamente o mestre era aquele que se tornava uma morte para o discípulo — que podia ajudá-lo a morrer de modo que pudesse renascer. Nicodemus perguntou a Jesus: — Como eu posso conquistar o Reino dos Céus? Jesus respondeu: — A não ser que você morra primeiro, não conseguirá conquistá-lo. A menos que nasça de novo, não poderá conquistá-lo.

E esse renascer não é um acontecimento, é um processo contínuo. É preciso renascer a todo instante. Não é que você renasça uma vez e pronto, acabou. A vida é um nascimento contínuo, assim como a morte também é contínua. Você tem de morrer uma vez porque não viveu de verdade. Se vivesse, então você teria de morrer a todo instante. Morra a todo instante para o passado, não importa como ele tenha sido, um paraíso ou um inferno. De qualquer forma — morra para ele, e renasça, jovem e renovado, para o momento presente. Testemunhe agora — e você só poderá fazer isso se estiver renovado.

CAPÍTULO 6

# TENSÃO E RELAXAMENTO

Agora é preciso entender uma coisa. Os hipnotizadores descobriram uma lei fundamental; eles a chamam de Lei do Efeito Contrário. Se você tentar fazer uma coisa com todo o seu empenho, mas sem entender os fundamentos, só conseguirá produzir o efeito contrário.

É como aprender a andar de bicicleta. Você está numa estrada silenciosa, sem carros, cedo pela manhã, e avista uma placa vermelha no acostamento. Uma estrada com vinte metros de largura, uma plaquinha de nada e você fica com medo: pode bater na plaquinha e cair da bicicleta. Você esquece a estrada de vinte metros de largura. Na verdade, mesmo que estivesse de olhos vendados, não haveria muita chance de você ir de encontro à plaquinha, chocar-se com ela, mas até de olhos abertos você esquece a estrada; fixa os olhos na plaquinha. Em primeiro lugar, a cor vermelha é muito chamativa. E você está com tanto medo! — quer a todo custo evitá-la. Você tem de esquecer que está numa bicicleta, tem de esquecer tudo. Agora seu único problema é evitar essa placa, do contrário você pode se machucar, pode colidir com ela.

Agora a colisão é absolutamente inevitável; você está prestes a colidir com a placa. E então você fica surpreso: "Eu me esforcei tanto pa-

## 102 CONSCIÊNCIA

ra não bater nela!" Na verdade, você só foi de encontro à placa *porque* se esforçou dessa forma. Quanto mais perto chegava dela, mais se esforçava para evitá-la; mas, quanto mais você tentava evitá-la, mais fixamente olhava para ela. Ela passou a ser uma força hipnótica, ela hipnotizou você. Passou a ser como um ímã.

Essa é uma lei fundamental da vida. As pessoas tentam evitar muitas coisas e acabam sempre se deparando com elas. Faça tudo para evitar uma coisa e você acabará dando de cara com ela. Você não consegue evitá-la; não é desse jeito que conseguirá.

Relaxe. Não se esforce muito, pois é só relaxando que você fica consciente, não se esforçando ao máximo. Fique calmo, tranqüilo, em silêncio.

\* \* \*

O que é sua tensão? Sua identificação com todo tipo de pensamentos, medos — morte, falência, a alta do dólar, todo tipo de medo. Essas são as suas tensões e elas afetam seu corpo também. Seu corpo também fica tenso, pois corpo e mente não são entidades separadas. Corpo-mente é um sistema único, por isso quando a mente fica tensa o corpo também fica.

Você pode começar com a consciência; então a consciência leva você para longe da mente e das identificações com a mente. Naturalmente, o corpo começa a relaxar. Você deixa de lado os apegos e as tensões não conseguem existir na luz da consciência.

Você também pode começar pelo outro lado. Simplesmente relaxe, deixe as tensões irem embora... e, à medida que relaxa, você fica surpreso ao constatar que uma certa consciência vai surgindo em você. O relaxamento e a consciência são inseparáveis. Mas começar pela consciência é mais fácil; começar pelo relaxamento é um pouco mais difícil, pois mesmo o esforço para relaxar gera uma certa tensão.

Existe um livro norte-americano — e, se você quer encontrar todo tipo de livro estúpido, os Estados Unidos são o lugar certo. No ins-

TENSÃO E RELAXAMENTO

103

tante em que eu vi o título do livro, mal pude acreditar. O título era *You Must Relax* [Você Tem de Relaxar]. Se você "tem" de relaxar, será que conseguirá? Esse "tem" faz com que você fique tenso; a própria palavra gera tensão na mesma hora. O "você tem de" parece um mandamento divino. Talvez a pessoa que tenha escrito esse livro não saiba nada sobre relaxamento e nada sobre as complexidades do relaxamento.

No Oriente, nunca começamos uma meditação com o relaxamento; começamos a partir da consciência. Daí em diante o relaxamento ocorre espontaneamente; não é preciso provocá-lo. Se você tem de provocá-lo, isso gera uma certa tensão. Ele precisa acontecer espontaneamente; só assim será relaxamento puro. Ele acontece...

Se quiser, você pode tentar começar pelo relaxamento, mas não de acordo com o que dizem os especialistas norte-americanos. Quando se trata de experiência com o mundo interior, os Estados Unidos são o lugar mais infantil deste mundo. A Europa é um pouco mais antiga — mas o Oriente vive há milhares de anos em busca do seu eu interior.

Os Estados Unidos só têm trezentos anos de idade — na vida de uma nação, trezentos anos é o mesmo que nada — por isso, os Estados Unidos representam um perigo para o mundo. Armas nucleares nas mãos de crianças... A Rússia agiria de modo mais racional; é uma terra antiga e tem toda a experiência de uma longa história. Nos Estados Unidos, não existe história nenhuma. Todo mundo sabe o nome do pai, o nome do avô e isso é tudo. Sua árvore genealógica termina aí.

Os Estados Unidos são apenas um bebê — ou nem mesmo um bebê. É um país que ainda está no útero. Comparado com sociedades como a Índia e a China, ele acabou de ser concebido. É perigoso dar a essas pessoas armas nucleares.

Existem problemas políticos, religiosos, sociológicos, econômicos, todos martirizando você. Começar pelo relaxamento é difícil, por isso, no Oriente nós nunca começamos pelo relaxamento. Mas, se você quiser, eu

104                    CONSCIÊNCIA

tenho uma idéia de como você deve começar. Eu já trabalho com ocidentais há algum tempo e já tomei consciência de que eles não pertencem ao Oriente e não conhecem a corrente oriental de consciência; eles vêm de uma tradição diferente que nunca soube o que é consciência.

Para o povo ocidental, especialmente, eu criei meditações como a Meditação Dinâmica.[1] Quando organizava acampamentos de meditação, eu usava a Meditação da Kundalini e a meditação do falatório. Se você quer começar com o relaxamento, então é preciso fazer essas meditações primeiro. Elas tirarão toda a tensão da sua mente e do seu corpo, o que facilita muito o relaxamento. Você não tem nem idéia do quanto se reprime e de que essa é a causa da tensão.

Quando eu dava a meditação do falatório nos acampamentos de meditação... É difícil fazer isso na cidade, porque os vizinhos começam a enlouquecer. Começam a ligar para a polícia e a dizer: — Estão acabando com a minha vida! — Eles não sabem que, se participassem da meditação mesmo dentro de casa, eles se livrariam da insanidade em que vivem. Mas eles não estão sequer conscientes da própria insanidade.

Na meditação do falatório, todo mundo pode dizer em voz alta qualquer coisa que lhe passa pela cabeça. E é divertido ouvir o que as pessoas dizem, coisas sem sentido, absurdas — porque eu sou a única testemunha. As pessoas falam todo tipo de coisa; só há uma condição: não tocar as outras pessoas. Você pode fazer o que quiser... Uma pessoa planta bananeira, outra tira a roupa e corre nua por todo lado — durante uma hora inteira.

Um homem costumava se sentar todos os dias na minha frente — ele devia ser corretor da bolsa ou algo assim — e, assim que a meditação começava, ele sorria só de pensar no que ia fazer. Então pegava o telefone, "Alô, alô..." De canto de olho ele continuava a olhar para mim.

---

[1] *Meditation First & Last Freedom.*

## TENSÃO E RELAXAMENTO

Eu evitava olhar para ele para não atrapalhar sua meditação. Ele ficava vendendo ações, comprando... passava os sessenta minutos ao telefone.

Todo mundo fazia coisas estranhas que viviam reprimindo. Quando a meditação acabava, havia mais dez minutos de relaxamento e você podia ver que, nesses dez minutos, as pessoas se jogavam no chão — não de propósito, mas porque estavam absolutamente exaustas. Todo o lixo tinha sido jogado fora, por isso elas sentiam uma certa limpeza, e relaxavam. Milhares de pessoas... e você nem percebia que havia tanta gente ali.

As pessoas costumavam me procurar e dizer: — Prolongue esses dez minutos, porque em toda a minha vida nunca me senti tão relaxado, tão bem. Nunca pensamos que um dia entenderíamos o que significa consciência, mas agora sentimos que ela está próxima.

Portanto, se você quer começar pelo relaxamento, primeiro terá de passar por um processo de catarse — Meditação Dinâmica, Meditação da Kundalini ou do falatório.

Talvez você não saiba de onde vem a palavra *gibberish* (falatório, em inglês); ela vem de um místico sufi que se chamava Jabbar — e essa era a única meditação que ele fazia. Onde quer que fosse, ele dizia: — Sente-se e comece! — e as pessoas sabiam o que isso significava. Ele nunca conversava com ninguém, nunca fazia preleções; simplesmente ensinava as pessoas a tagarelar (*gibberish*).

Por exemplo, uma vez ele deu às pessoas uma demonstração. Por meia hora, falou todo tipo de bobagem numa língua que ninguém sabia qual era. Não era uma língua; ele continuava a ensinar as pessoas falando simplesmente o que passava pela cabeça dele. Esse era seu único ensinamento — e para aqueles que entendiam isso, ele dizia simplesmente: — Sente-se e comece.

Mas Jabbar ajudou muita gente a ficar em absoluto silêncio. Por quanto tempo você consegue tagarelar? — a cabeça fica vazia. Pouco a pouco, vai surgindo um profundo vazio... e nesse vazio uma chama de consciência. Ela está sempre presente, cercada pelo falatório. O falatório tem de cessar; é ele o seu veneno.

O mesmo vale para o corpo — seu corpo tem tensões. Comece simplesmente a fazer qualquer movimento que o seu corpo queira fazer. Não o manipule. Se ele quiser dançar, quiser trotar, quiser correr, quiser rolar no chão — você não deve *fazer* isso, deve simplesmente permitir que ele faça. Fale para o corpo: — Você é livre, faça o que quiser — e você ficará surpreso: — Meu Deus! Todas essas coisas que meu corpo queria fazer e eu não deixava... por isso essa tensão!

Portanto, existem dois tipos de tensão: as tensões do corpo e as tensões da mente. Ambas têm de ser dissipadas antes que você possa começar o relaxamento, que possibilitará a consciência.

Mas começar pela consciência é muito mais fácil, e principalmente para aqueles que entendem o processo de consciência, que é muito simples. O dia inteiro você a usa para muitas coisas — no carro, no trânsito — até no trânsito da cidade você sobrevive! E ele é absolutamente caótico.

Uns dias atrás eu li algo sobre Atenas. A prefeitura fez uma competição especial de sete dias exclusivamente para motoristas de táxi e criara troféus dourados para os três motoristas que mais respeitassem as leis de trânsito. Mas, em toda Atenas, não conseguiram achar uma única pessoa! A polícia começou a ficar preocupada; a competição estava quase no fim e, no último dia, eles queriam encontrar de todo jeito três motoristas — eles podiam não ser perfeitos, mas os prêmios teriam de ser distribuídos.

Eles encontraram um homem que estava respeitando as leis de trânsito, então ficaram muito felizes. Correram até ele carregando o troféu, mas, ao ver a polícia chegando, o homem passou no farol vermelho! Quem quer arranjar encrenca desnecessariamente? A polícia gritou — Espere! — mas ele não ouviu; acelerou na mesma hora e fu-

TENSÃO E RELAXAMENTO                                   *107*

rou o farol vermelho. A polícia fez outras duas tentativas com outras pessoas, mas ninguém parou ao ver a polícia. Assim, depois de sete dias de esforço, os três troféus ainda continuam no quartel da polícia e Atenas continua alegre como sempre...

Você está usando a consciência sem se dar conta disso, mas só com coisas exteriores.

Trata-se da mesma consciência que tem de ser usada no trânsito interior. Quando você fecha os olhos, existe um trânsito de pensamentos, emoções, sonhos, fantasias. Todo tipo de coisa começa a aparecer. Se você fizer no seu mundo interior exatamente o que faz no mundo exterior, você se tornará uma testemunha. E, depois que experimentar, a alegria de ser uma testemunha será tão grande, tão extraordinária, que você vai querer ir cada vez mais fundo. Sempre que tiver tempo, você desejará mergulhar cada vez mais fundo dentro de si mesmo.

Não é uma questão de postura; não é uma questão de nenhum templo, de nenhuma igreja, de nenhuma sinagoga. Sentado no ônibus ou no trem, quando você não tiver nada para fazer, feche os olhos. Você poupará seus olhos do cansaço de olhar para fora e isso lhe dará tempo suficiente para observar a si mesmo. Esses momentos serão uma oportunidade de passar pelas mais belas experiências.

E, pouco a pouco, à medida que a consciência se desenvolve, toda a sua personalidade começa a mudar. A passagem da inconsciência para a consciência é o maior salto quântico que há.

# CAPÍTULO 7

# MENTE E MEDITAÇÃO

Quando a mente está sem pensamentos, isso é meditação. A mente fica sem pensamentos em dois estados — ou no sono profundo ou na meditação. Se você está consciente e os pensamentos desaparecem, isso é meditação. Se os pensamentos desaparecem e você fica inconsciente, isso é sono profundo.

O sono profundo e a meditação têm uma semelhança e uma diferença. A semelhança é a seguinte: em ambos, os pensamentos desaparecem. Por outro lado, eles têm uma diferença: no sono profundo, a consciência também desaparece, mas na meditação ela permanece. Portanto, a meditação é igual a sono profundo mais consciência. Você fica relaxado, como no sono profundo, e continua consciente, totalmente consciente — e isso leva você ao portal dos mistérios.

No sono profundo, você passa para a não-mente, mas sem ter consciência. Você não sabe para onde está sendo levado, embora pela manhã sinta o impacto e o efeito disso. Se se tratar de fato de um sono profundo e belo, sem sonhos que o perturbem, pela manhã você se sentirá renovado, rejuvenescido, vibrante, jovem outra vez, cheio de ânimo e vontade de viver. Mas você não sabe o que aconteceu, onde esteve. Você foi tomado por uma espécie de coma profundo, como se tivesse re-

## MENTE E MEDITAÇÃO

cebido uma anestesia e sido levado para algum outro plano de onde você volta revigorado, jovem e rejuvenescido.

Na meditação, isso acontece sem anestesia.

Portanto, meditar significa ficar tão relaxado quanto você fica no sono profundo, mas alerta também. Faça com que a consciência continue — deixe que os pensamentos desapareçam, mas a consciência tem de permanecer. E isso não é difícil, acontece simplesmente que nós nunca tínhamos tentado antes, só isso. É como nadar: se você nunca tentou, vai parecer muito difícil. Vai parecer muito perigoso também. E você não conseguirá nem imaginar como as pessoas conseguem fazer isso, porque você simplesmente afunda! Mas, depois que tiver tentado um pouco, a coisa parece ficar mais fácil; fica muito natural.

Agora um cientista do Japão provou em laboratório que uma criança de seis meses é capaz de nadar; basta dar a ela uma oportunidade. Esse cientista ensinou muitos bebês de seis meses a nadar; ele conseguiu um milagre! E disse que está tentando fazer o mesmo com crianças mais novas também. É como se a arte de nadar estivesse embutida dentro de nós; para que essa capacidade seja ativada só é preciso dar a ela uma oportunidade. É por isso que, depois que aprende a nadar, você nunca esquece. Você pode ficar quarenta, cinqüenta anos sem nadar, mas nunca esquece. Não se trata de algo acidental, é uma coisa natural; é por isso que você nunca esquece.

A meditação é parecida; é algo que está embutido. Você só tem de dar espaço para que ela entre em ação; é só dar a ela uma chance.

\* \* \*

O que é a mente? A mente não é uma coisa, é um acontecimento. A coisa tem substância, o acontecimento é só um processo. A coisa é como uma rocha, o acontecimento é como uma onda — ela existe, mas não é substancial. É só algo que acontece entre o vento e o oceano, um processo, um fenômeno.

*110* CONSCIÊNCIA

Eis a primeira coisa que tem de ficar clara: a mente é um processo como uma onda ou um rio, mas ela não tem substância. Se tiver, não pode ser dissolvida. Se não tiver, pode desaparecer sem deixar traço.

Quando a onda desaparece no oceano, o que sobra? Nada, nenhum rastro. Portanto, aqueles que sabiam disso diziam que a mente é como um pássaro voando no céu — ele não deixa nenhuma pegada, nenhum rastro. Os pássaros voam, mas não deixam rastros, pegadas.

A mente é apenas um processo. Na verdade, ela nem existe — só os pensamentos existem, pensamentos passando tão rapidamente que você pensa e sente que existe alguma coisa contínua ali. Um pensamento vem, outro vai, chega mais um e assim sucessivamente... a lacuna é tão pequena que você não consegue perceber o intervalo entre um pensamento e outro. Assim, dois pensamentos se agrupam, formam uma continuidade e por causa dela você acha que a mente existe.

Existem pensamentos — não "mente". Assim como existem elétrons — não "matéria". O pensamento é o elétron da mente. Assim como uma multidão... a multidão só existe num certo sentido. Só os indivíduos existem, mas muitos indivíduos juntos dão a sensação de que eles são uma coisa só. Uma nação existe e não existe — só há indivíduos ali. Os indivíduos são os elétrons de uma nação, de uma comunidade, de uma multidão.

Os pensamentos existem — a mente não existe; ela é só aparência. E, quando você olha a mente mais de perto, ela desaparece. Ficam os pensamentos, mas, quando a "mente" desaparece e só restam os pensamentos individuais, muitas coisas se dissolvem imediatamente. Logo de início você percebe que os pensamentos são como nuvens — eles vêm e vão, e você é o céu. Quando não existe mente, surge imediatamente a percepção de que você deixou de se envolver com seus pensamentos — os pensamentos estão ali, passando por você como nuvens passando no céu, ou o vento passando entre as árvores. Os pensamen-

MENTE E MEDITAÇÃO                    *111*

tos estão passando por você e podem continuar passando, porque você é um imenso vazio. Não há nenhum obstáculo, nenhum impedimento. Não há muros para barrá-los; você não é um fenômeno fortificado. Seu céu é uma imensidão infinita por onde passam os pensamentos. E, depois que você começar a sentir que os pensamentos vêm e vão, e que você é um mero observador, uma testemunha, o domínio da mente é conquistado.

A mente não pode ser controlada, no sentido comum do termo. Em primeiro lugar, porque ela não existe, como você poderia controlá-la? Em segundo lugar, quem iria controlar a mente? Porque não existe ninguém por trás da mente — e, quando eu digo que não existe ninguém, quero dizer que não há *ninguém* por trás dela, só um vazio. Quem a controlará? Se alguém está controlando a mente, então se trata apenas de uma parte, um fragmento da mente, controlando outro fragmento dela. É isso o que o ego é.

A mente não pode ser controlada dessa forma. Ela não existe e não há ninguém para controlá-la. O vazio interior pode ver, mas não controlar. Ele pode olhar, mas não controlar — mas o próprio olhar *é que é o controle*, o próprio fenômeno da observação, do testemunho, torna-se o domínio, pois a mente desaparece.

É como se, numa noite escura, você corresse a toda pressa, com medo de que alguém o esteja perseguindo. E esse alguém não é nada a não ser sua própria sombra, e quanto mais você corre, mais perto de você fica a sombra. O quanto você corre não faz diferença; a sombra vai estar sempre ali. Sempre que olhar para trás, a sombra estará ali. Não existe um meio de escapar dela, e não há como controlá-la. Você terá de olhar fundo dentro dela. Fique parado e olhe bem para a sombra; ela desaparecerá, pois nem sequer existe; ela é simplesmente a ausência de luz.

A mente nada mais é do que a falta da sua presença. Quando você se senta em silêncio, quando olha bem dentro da mente, ela simplesmente desaparece. Os pensamentos continuarão, eles existem, mas a mente não estará mais ali.

Porém, quando a mente desaparece, você nota que os pensamentos não são seus. É claro que eles surgem, e às vezes ficam um tempinho em você, mas depois vão embora. Você talvez seja uma área de descanso, mas não é a origem desses pensamentos. Você já reparou que nem um único pensamento parte de você? Não brota de você nem um único pensamento; eles sempre vêm de fora. Não pertencem a você — sem casa, sem raízes, eles rondam por aí. Às vezes, eles descansam em você, isso é tudo; como uma nuvem que paira sobre uma montanha. Depois eles se vão por conta própria; você não precisa fazer nada. Se simplesmente observar, você assume o controle.

A palavra *controle* não é muito boa, pois as palavras nunca são muito boas. As palavras pertencem à mente, ao mundo dos pensamentos. Elas nunca são muito perspicazes, pois lhes falta profundidade. A palavra *controle* não é boa porque não existe ninguém para controlar, nem ninguém para ser controlado. Mas, de uma certa forma, ela ajuda a entender que uma certa coisa acontece: Quando você olha bem fundo dentro da mente, ela é controlada — de repente você passa a ser quem manda. Os pensamentos não vão embora, mas eles deixam de dominar você. Eles já não podem fazer nada com você, simplesmente vêm e vão embora; você continua intacto como uma flor de lótus em meio a um aguaceiro. Gotas de chuva caem nas pétalas, mas acabam escorrendo sem afetá-las. O lótus continua intacto.

É por isso que no Oriente o lótus passou a ter um significado tão profundo, passou a ser tão simbólico. O maior símbolo que surgiu no Oriente é o lótus. Ele carrega todo o significado da consciência oriental, que diz: — Seja como o lótus, só isso. Permaneça intacto e você estará no controle. Continue intacto e você será o senhor de si mesmo.

## MENTE E MEDITAÇÃO

*113*

Portanto, de um certo ponto de vista, a mente é como ondas — uma perturbação. Quando o mar está calmo e tranqüilo, sereno, não existem ondas. Quando ele é agitado pela maré ou pelo vento forte, quando ondas gigantescas se avolumam e toda a superfície vira um caos, então, de um certo ponto de vista, a mente existe. Todos esses exemplos são metáforas para ajudá-lo a entender uma certa qualidade interior, que não pode ser expressa em palavras. Essas metáforas são poéticas. Se souber entendêlas, você chegará a um certo entendimento, mas, se tentar entender a partir da lógica, não conseguirá captar a idéia. Elas são simples metáforas.

A mente é uma perturbação na consciência, assim como as ondas são uma perturbação no oceano. Um elemento estranho entrou em cena — o vento. Alguma coisa exterior aconteceu no oceano, ou na consciência — os pensamentos, ou o vento, e instalou-se o caos. O caos, porém, está sempre na superfície. As ondas são sempre na superfície. Não existem ondas no fundo do mar — não pode haver, pois nas profundezas não há vento. Portanto, tudo acontece apenas na superfície. Se você se voltar para dentro de si, assume o controle. Se passar da superfície, você chega ao centro — de repente, a superfície pode ainda estar agitada, mas *você* não estará.

Toda a ciência da meditação nada mais é do que centramento, voltar-se para o centro, enraizar-se ali, fazer dele uma morada. E dali toda a perspectiva muda. Agora as ondas podem continuar varrendo a superfície, mas não afetam mais você. E agora você pode perceber que elas não pertencem a você, são só um conflito, na superfície, com alguma coisa que vem de fora.

E, quando você olha do centro, pouco a pouco o conflito vai diminuindo. Pouco a pouco você vai relaxando. Pouco a pouco vai aceitando que de fato existe um vento forte e ondas evidentemente surgirão, mas você não está preocupado, e quando você não está preocupado até as ondas podem ser divertidas. Não há nada de errado com elas.

*114*  CONSCIÊNCIA

O problema surge quando você também está na superfície. Você está num barquinho na superfície e um vento forte começa a soprar; é maré cheia e o mar fica turbulento — claro, você fica preocupado, apavorado! Você está em perigo; a qualquer momento as ondas podem virar o seu barquinho; a qualquer momento você pode morrer. O que você pode fazer dentro de um barquinho? Pode controlar alguma coisa? Se começar a lutar contra as ondas, vai sair derrotado. Não adianta querer lutar; você terá de aceitar as ondas. Na verdade, se você conseguir aceitar as ondas e deixar que o barco, embora pequeno, navegue ao sabor das ondas e não contra elas, não haverá nenhum perigo. As ondas estão ali; você simplesmente se solta. Simplesmente deixa-se levar pelas ondas, em vez de lutar contra elas. Você se torna parte delas. Nesse momento brota uma felicidade indescritível.

Nisso se resume a arte de surfar — seguir ao sabor das ondas, não contra elas. Com as ondas — a ponto de não se diferenciar delas. Surfar pode ser uma ótima meditação. Pode lhe dar vislumbres do mundo interior, pois não se trata de uma luta, mas de se deixar levar. Então você descobre que até as ondas podem ser divertidas... e isso só pode ser descoberto se você olhar o fenômeno como um todo a partir do centro.

É como se você estivesse explorando uma floresta e nuvens começassem a se acumular no céu. Começa a relampejar, você se desvia do seu caminho e tenta a todo custo voltar para casa o mais rápido possível. Isso é o que acontece na superfície — um explorador perdido, muitas nuvens, muitos relâmpagos; logo cairá uma chuva daquelas. Você está à procura do caminho de casa, da segurança do lar — então de repente você consegue avistá-la. Agora está sentado confortavelmente dentro de casa, esperando a chuva começar a cair lá fora — agora você pode se divertir. Agora os relâmpagos terão uma beleza singular. Não é como estar lá fora, perdido na floresta. Agora, da poltrona da sala, todo o fenômeno adquire uma grande beleza. A chuva começa e você a apre-

MENTE E MEDITAÇÃO                              *115*

cia. Os relâmpagos se sucedem e você fica extasiado; troveja lá fora e você se delicia, porque agora está protegido da chuva.

Depois que chega ao centro, você começa a apreciar qualquer coisa que aconteça na superfície. Portanto, o negócio não é lutar na superfície, mas sim se esgueirar para o centro. Aí haverá domínio, não um controle conquistado à base da força; um domínio que acontece espontaneamente quando você está centrado.

Centrar-se na consciência é dominar a mente.

Por isso, não tente "controlar a mente" — a linguagem pode enganar você. Ninguém pode controlar, e esses que tentam controlar ficarão loucos; eles simplesmente ficarão neuróticos, pois tentar controlar a mente nada mais é que uma parte da mente tentando controlar outra.

Quem é você, quem está tentando controlar? Você também é uma onda — uma onda religiosa, é claro, tentando controlar a mente. E existem ondas não-religiosas também — existe o sexo, existe a raiva e existe o ciúme, a possessividade e o ódio, além de milhões de outras ondas não-religiosas. E existem, por outro lado, as ondas religiosas — a meditação, o amor, a compaixão. Mas todas elas estão na superfície, são da superfície e estão na superfície. Religiosas ou não, isso não faz diferença.

A verdadeira religião está no centro, e na perspectiva que é criado por esse centro. Sentado dentro de casa, você olha a sua própria superfície — tudo muda porque a sua perspectiva é diferente. De repente você é quem manda. Na verdade, tanto está no comando que você pode deixar a superfície descontrolada. Isso é sutil — tanto está no comando, enraizado, despreocupado com a superfície, que pode até mesmo apreciar as ondas, as marés e a tempestade. Ela é linda, dá ânimo, dá força — não há por que se preocupar com ela. Só os fracos se preocupam com os pensamentos. Só os fracos se preocupam com a mente. As pessoas mais fortes simplesmente absorvem o todo e se enriquecem com ele. Os mais fortes simplesmente não rejeitam nada.

A rejeição é conseqüência da fraqueza — você fica com medo. Os mais fortes não se incomodam em absorver tudo o que a vida lhes oferece. Religioso, não-religioso, moral, imoral, divino, diabólico — não faz diferença; a pessoa mais forte absorve tudo. E se enriquece desse modo. Ela tem uma profundidade totalmente diferente que as pessoas religiosas comuns não podem ter; estas são pobres e superficiais.

Observe as pessoas religiosas comuns indo ao templo, à mesquita, à igreja. Você só vai se deparar com pessoas extremamente superficiais, sem nenhuma profundidade. Como elas rejeitaram partes de si mesmas, ficaram mutiladas. Elas de certa forma estão paralisadas.

Não há nada de errado na mente ou nos pensamentos. Se existe alguma coisa errada, é ficar na superfície — porque ali você não conhece o todo, e sofre desnecessariamente por causa da parte e da percepção parcial. É preciso ter uma percepção global e isso só é possível a partir do centro — pois do centro você pode olhar à sua volta, em todas as dimensões, em todas as direções, para toda a periferia do seu ser. E ela é imensa. Na verdade, ela é como a periferia da existência. Depois que estiver centrado, você pouco a pouco vai se expandindo, se expandindo, ficando cada vez maior, até passar a ser o todo, nada menos do que isso.

De outro ponto de vista, a mente é como a poeira que se acumula nas roupas do viajante. E você tem viajado há milhões de vidas, sem nunca ter tomado um banho; juntou muita poeira, é claro — não há nada de errado nisso; não havia outro jeito — camadas e mais camadas de poeira e você acha que elas são a sua personalidade. Você ficou de tal modo identificado com elas, viveu por tanto tempo com essas camadas de poeira que elas parecem a sua pele. Você se identificou.

A mente é o passado, a memória, a poeira. Ninguém consegue evitá-la — quando viaja, você fica empoeirado. Mas não há necessidade de se identificar com a poeira, não há necessidade de se unir a ela a ponto de se tornarem uma coisa só, pois se fizer isso você arranjará problema.

## MENTE E MEDITAÇÃO 117

Afinal, você não é poeira, você é consciência. Como disse Omar Khayyam, "Pó sobre pó". Quando um homem morre, o que acontece? — o pó volta a ser pó. Se você fosse apenas pó, então tudo voltaria a ser pó; nada sobraria. Mas você é apenas pó, camadas e mais camadas de pó, ou existe algo dentro de você que não é pó em absoluto, que não é nem nunca será feito de terra?

Essa é a sua consciência, a sua percepção consciente. O seu ser é percepção consciente, é consciência, e a sua mente é a poeira que a sua percepção consciente vai acumulando.

Existem duas maneiras de acabar com a poeira. A "religião" comum diz para você lavar as roupas e esfregar bem o corpo. Mas esses métodos não dão muito resultado. Mesmo que você lave muito bem as roupas, elas já ficaram tão imundas que não há mais jeito. Não é possível limpá-las; pelo contrário, qualquer coisa que você fizer só servirá para deixá-las ainda em pior estado.

Isso aconteceu de fato:

Mulla Nasruddin um dia me procurou, e ele é um beberrão. Suas mãos tremem — quando come, quando toma chá, tudo acaba caindo nas roupas dele, de modo que todas elas têm manchas de chá, de comida, de todo tipo de coisa. Então eu disse a Nasruddin: — Por que você não procura alguém que venda produtos de limpeza e lhe pede algo? Existem produtos que podem tirar essas manchas.

Ele foi. Depois de uma semana voltou; suas roupas estavam em pior estado ainda, muito pior do que antes. Eu perguntei: — O que aconteceu? Você não procurou um vendedor de produtos de limpeza? — Ele disse: — Procurei. E o produto que ele me deu é ótimo, funciona mesmo. As manchas de chá e de comida desapareceram todas. Agora eu preciso de um outro produto, pois o que ele me deu deixa suas próprias manchas.

As pessoas religiosas enchem você de sabões e de produtos químicos, instruções sobre como lavar a sujeira, mas esses produtos também provocam manchas. É por isso que a pessoa sem moral pode aprender sobre moral, mas continuar suja — agora de um jeito moral, mas ainda suja. Há casos em que a situação fica ainda pior do que antes.

O homem sem moral é, de muitas formas, inocente, menos egocêntrico. O homem que tem moral continua com toda a imoralidade dentro da cabeça dele e ainda adquire muitas coisas novas — atitudes moralistas, puritanas, egoístas. Ele se sente superior; considera-se um escolhido. E o resto da humanidade está condenado ao inferno; só ele vai para o céu. E toda a imoralidade continua interiormente, pois você não consegue controlar a mente se estiver na superfície; não há como. Simplesmente as coisas não acontecem dessa forma. Só existe um controle, e ele consiste na percepção a partir do centro.

A mente é como poeira acumulada ao longo de milhões de viagens. A postura da religião verdadeira, da religião radical que se contrapõe à comum, é simplesmente tirar as roupas. Não se dê ao trabalho de lavar essas roupas; não há mais como limpá-las. Faça simplesmente como a cobra que desliza para fora da pele velha e nem olha para trás.

De um terceiro ponto de vista, a mente é passado, é memória, todas as experiências acumuladas, num certo sentido. Tudo o que você já fez, tudo o que já pensou, tudo o que já desejou, tudo o que já sonhou — tudo, seu passado inteiro, sua memória — mente é memória. E, a menos que se livre da memória, você não conseguirá dominar a mente.

Como se livrar da memória? Ela está sempre ali, seguindo você. Na verdade, você *é* a memória, então como se livrar dela? Quem é você sem as suas lembranças? Quando eu pergunto "Quem é você?", você me diz seu nome — isso é uma lembrança. Seus pais lhe deram um nome um tempo atrás. Eu pergunto "Quem é você?" e você me fala da sua família, do seu pai, da sua mãe — isso é uma lembrança. Eu pergunto

## MENTE E MEDITAÇÃO

"Quem é você?" e você me conta o que estudou, seu nível de instrução, que fez mestrado em Artes ou que tem doutorado ou que é engenheiro ou arquiteto. Isso é uma lembrança.

Quando eu pergunto "Quem é você?", se você de fato olhar para dentro, só terá uma resposta: "Não sei." Tudo o que disser será apenas uma lembrança, não você de verdade. A única resposta verdadeira, autêntica, só pode ser "Não sei", pois conhecer a si próprio é a última coisa que você faz. Eu posso dizer quem sou, mas não digo. Você não pode dizer quem é, mas se apressa em dar a resposta. Aqueles que sabem quem são guardam silêncio sobre isso. Pois, se toda a memória for descartada e toda a linguagem for descartada, então quem eu sou não pode ser dito. Eu posso olhar dentro de você, posso dar a você um gesto; posso ficar com você, com todo o meu ser — essa é a minha resposta. Mas a resposta não pode ser expressa em palavras, pois tudo o que é expresso em palavras faz parte da memória, da mente, não da consciência.

Como se livrar das lembranças? Observe-as, testemunhe-as. E lembre-se sempre: "Isso aconteceu comigo, mas isso não sou eu." É claro que você nasceu numa determinada família, mas isso não é você; aconteceu com você, é um acontecimento externo a você. Alguém lhe deu um nome; você o tem usado, mas ele não é você. É claro que você tem uma forma, mas a forma não é você; ela é só a casa em que por acaso você está. A forma é só o corpo em que por acaso você está. E o corpo lhe foi dado por seus pais — é uma dádiva, mas não é você.

Observe e tenha discernimento. Isso é o que no Oriente chamam de *vivek*, discernimento — você usa o tempo todo a sua capacidade de discernir. Continue fazendo isso — chegará um momento em que você terá eliminado tudo o que não é você. De repente, nesse estado, você se olha pela primeira vez e encontra seu próprio ser. Continue jogando fora todas as identidades que não são você — a família, o corpo, a mente. Nesse vazio, quando tiver jogado fora tudo o que não for você,

# 120 CONSCIÊNCIA

de repente seu ser vem à tona. Pela primeira vez você encontra a si mesmo, e esse encontro passa a ser o domínio.

Não é possível parar o pensamento — não que ele não pare, só não é possível fazê-lo parar. Ele pára espontaneamente. É preciso entender essa diferença; do contrário você vai ficar maluco tentando perseguir a sua mente.

A não-mente não surge quando você pára de pensar. Quando não existe mais o pensar, existe a não-mente. O próprio esforço para parar de pensar criará mais ansiedade, criará mais conflito, fará com que você fique dividido. Você viverá em constante tumulto interior. E isso não ajudará em nada.

E, mesmo que você consiga forçá-lo a parar por alguns instantes, isso não será nenhuma conquista — pois esses instantes ficarão quase mortos, não estarão vivos. Você pode até sentir uma certa tranqüilidade... mas não silêncio. Pois a tranqüilidade forçada não é silêncio. Lá no fundo, nas profundezas do inconsciente, a mente reprimida continua em atividade.

Portanto, não existe um meio de parar a mente. Mas a mente pára — isso é certo. Ela pára por livre e espontânea vontade.

Então o que fazer? — a pergunta é relevante. Observe. Não tente pará-la. Não é preciso fazer nada contra a mente. Para começar, quem iria fazer isso? Seria a mente brigando com ela mesma; você dividiria sua mente em duas: uma parte estaria tentando ser a chefe, a manda-chuva, estaria tentando matar a outra parte de si mesma — o que é um absurdo. É um jogo idiota, pode levá-lo à loucura. Não tente deter a mente ou o pensamento — só o observe, dê vazão a ele. Deixe a mente em total liberdade. Deixe-a vagar no ritmo que quiser; não tente de forma nenhuma controlá-la. Seja só uma testemunha.

Ela é tão bela! A mente é um dos mecanismos mais belos que existem. A ciência ainda não foi capaz de criar nada como ela. A mente con-

## MENTE E MEDITAÇÃO

*121*

tinua sendo uma obra-prima, tão complicada, com um poder tão grande, com tantas potencialidades! Observe-a! Aprecie-a!

E não a vigie como se ela fosse um inimigo, pois, se você olhar para a mente como um inimigo, não conseguirá observá-la. Você já será preconceituoso, já estará *contra* ela. Já terá decidido que existe algo de errado com a mente — já terá chegado a uma conclusão. E, sempre que você olha para uma pessoa como se ela fosse sua inimiga, você não olha profundamente, nunca olha dentro dos olhos; você a evita.

Observar a mente significa olhar para ela com um amor profundo, com profundo respeito e reverência — ela é uma dádiva de Deus para você. Não existe nada de errado com a mente em si. Não há nada de errado com o ato de pensar. Trata-se de um lindo processo, assim como é todo processo. As nuvens cruzando o céu são lindas — por que não haver pensamentos cruzando o seu céu interior? As flores pendendo das árvores são lindas — por que não haver pensamentos florescendo no seu ser? O rio correndo para o mar é lindo — por que não haver essa corrente de pensamentos correndo em algum lugar rumo a um destino desconhecido? Não é lindo? Olhe a mente com profunda reverência. Não brigue com ela; ame-a.

Observe as sutis nuances da mente, os volteios repentinos, os belos volteios. Os saltos e trancos, que ela dá, os jogos que continua fazendo; os sonhos que ela navega — a imaginação, a memória, as mil projeções que ela cria — observe! Ficando ali, afastado, um pouco distante, sem se envolver, paulatinamente você começa a sentir... Quanto mais atento você fica, mais profunda fica sua consciência; começa a haver lacunas, intervalos. Um pensamento vai, não vem outro, e surge uma brecha. Uma nuvem passa, outra está a caminho e surge um intervalo.

Nesses intervalos, pela primeira vez você terá lampejos da não-mente. Você sentirá o gosto da não-mente — chame-o de gosto de Zen, ou Tao, ou Ioga. Nesses pequenos intervalos, de repente o céu fica lim-

# 122 CONSCIÊNCIA

po e o sol brilha. De repente o mundo se enche de mistério, porque todas as barreiras vão abaixo; a tela nos seus olhos deixa de existir. Você vê com clareza, de modo penetrante. Toda a existência fica transparente.

No início, haverá apenas uns raros momentos, espaçados. Mas eles lhe proporcionarão vislumbres do que seja o *samadhi*. Pequenas porções de silêncio — elas virão e depois irão embora, mas você saberá que está no caminho certo. Então você começa a observar novamente. Quando um pensamento cruza a sua mente, você observa; quando surge um intervalo, você o observa. As nuvens são tão bonitas; o brilho do sol também é tão belo. Agora você não faz escolhas. Agora você não tem uma mente fixa. Você não diz, "Gostaria que só houvesse intervalos". Isso é estupidez, pois, se ficar apegado ao desejo de que só haja intervalos, você novamente terá decidido ficar *contra* o pensamento. E aí os intervalos desaparecerão. Eles só acontecem quando você está muito distante, afastado. Eles acontecem, não podem ser provocados. Eles acontecem, você não pode forçá-los a acontecer. São eventos espontâneos.

Continue a observar. Deixe que os pensamentos venham e vão embora — para onde quiserem ir. Nada está errado! Não tente manipular nem dirigir nada. Deixe que os pensamentos sigam seu curso livremente. E, então, começarão a surgir intervalos cada vez maiores. Você será abençoado com pequenos *satoris*. Haverá ocasiões em que, por alguns minutos, não haverá pensamentos; não haverá trânsito nenhum — só um silêncio total, imperturbável.

Quando começarem a surgir brechas maiores, começará a surgir uma nova lucidez. Você não terá somente lucidez para enxergar este mundo, você será capaz de enxergar seu mundo interior. Com os primeiros intervalos você enxergará o mundo — as árvores ficarão mais verdes do que parecem agora, você se verá cercado por uma música infinita, a música das esferas. Você subitamente estará na presença da santidade — inefável, misteriosa. Tocando você, embora você não consiga

MENTE E MEDITAÇÃO

apreendê-la. Ao seu alcance e mesmo assim fora dele. Com os intervalos maiores, o mesmo acontecerá interiormente. Deus não estará apenas lá fora, de repente você ficará surpreso — ele está aqui dentro também. Ele não está apenas na coisa observada, ele está também no observador — dentro e fora. Pouco a pouco...

Mas tampouco se apegue a isso. O apego é o alimento que faz com que a mente continue funcionando. O testemunho imparcial é o meio de detê-la sem fazer nenhum esforço. E, quando você começar a apreciar esses momentos de bem-aventurança, sua capacidade de conservá-los por períodos mais longos virá à tona. Finalmente, um dia você acaba se tornando senhor de si. A partir desse dia, quando você quiser pensar, pensará; se o pensamento for necessário, você o usará. Se não for, você o deixará em repouso. Não que a mente tenha deixado de existir — ela existe, mas você tem a opção de usá-la ou não. Agora a decisão é sua, assim como a de usar as pernas; se quiser correr, você as usa; se não quiser, simplesmente fica onde está. As pernas estarão ali, à sua disposição. Da mesma forma, a mente estará ali também.

Enquanto falo com você, estou usando a mente — não existe outro jeito de falar. Quando respondo às suas perguntas, estou usando a mente — não há outro jeito. Tenho de responder e me relacionar, e a mente é um belíssimo mecanismo. Quando não estou falando com você e estou sozinho, não existe mente nenhuma — porque ela é um meio pelo qual se relacionar. Se estou sozinho, ela não é necessária.

Você não dá a ela um descanso; por isso a mente fica medíocre. Usada continuamente, cansada, ela continua em atividade o tempo todo. Trabalha noite e dia — de dia você pensa, à noite você sonha. Dia após dia, ela continua em ação. Se você viver por setenta, oitenta anos, ela trabalhará sem trégua esse tempo todo.

Repare na delicadeza e na resistência da mente — ela é tão delicada! Numa cabecinha podem caber todas as bibliotecas do mundo; tudo

# 124     CONSCIÊNCIA

o que já foi um dia escrito pode caber numa única mente. Gigantesca é a capacidade da mente — e num espaço tão pequeno! E sem fazer muito barulho. Se os cientistas algum dia conseguirem criar um computador tão bom quanto a mente... computadores existem, mas eles ainda não são mentes. Ainda são mecanismos, não têm nenhuma unidade orgânica, não têm nenhum centro. Se um dia isso for possível — e é possível que algum dia os cientistas consigam criar mentes —, então você saberá quanto espaço tomará esse computador e quanto barulho ele fará!

A mente não faz praticamente nenhum barulho; ela trabalha silenciosamente. E que boa criada ela é! — trabalha por setenta, oitenta anos. E, mesmo quando você está à beira da morte, seu corpo pode estar velho, mas a sua mente continua jovem. Sua capacidade continua sendo a mesma. Às vezes, se usada da maneira certa, a capacidade da mente pode até aumentar com a idade — porque quanto mais você sabe, mais você entende. Quanto mais você vive e tem experiências, mais capaz sua mente se torna. Quando você morre, tudo o que existe no seu corpo está prestes a virar pó, menos a mente.

É por isso que no Oriente dizemos que a mente deixa o corpo e entra num outro útero, pois ainda não está pronta para morrer. Quem renasce é a mente. E, depois que você tiver atingido o estado de não-mente, não haverá nenhum renascimento. Você simplesmente morrerá. E, com a sua morte, tudo se dissipará — seu corpo, sua mente — só restará sua alma que testemunha. Ela está além do espaço e do tempo. Então você e a existência se tornarão uma coisa só; você não estará mais separado dela. A separação provém da mente.

Mas não há meio de pará-la na marra — não seja violento. Aja com carinho, com profunda reverência, e isso começará a acontecer naturalmente. Você só observa, sem nenhuma pressa.

A mente moderna é muito apressada. Ela quer métodos instantâneos para deter a mente. Por isso as drogas atraem tantas pessoas. Você pode

## MENTE E MEDITAÇÃO

forçar a mente a parar usando substâncias químicas, drogas, mas também estará sendo violento com o mecanismo. Isso não é bom, é destrutivo. Desse jeito você não vai se tornar senhor de si mesmo. Você pode conseguir deter a mente por meio das drogas, mas aí as drogas passarão a mandar em você — você não vai ser senhor de si mesmo. Você terá apenas mudado a chefia, e terá feito uma escolha ainda pior. Agora as drogas terão poder sobre você, possuirão você; sem elas você não irá a lugar nenhum.

A meditação não é um esforço contra a mente, é uma maneira de entendê-la. É uma maneira muito afetuosa de testemunhar a mente — mas, é claro, é preciso ter muita paciência. Essa mente que você carrega na cabeça existe há séculos, milênios. Essa mentezinha carrega toda a experiência da humanidade. E não só da humanidade — também dos animais, dos pássaros, das plantas, das rochas; você já passou por todas essas experiências. Tudo o que já aconteceu até hoje já aconteceu também dentro de você.

Numa noz muito pequena, você carrega toda a experiência da existência. É isso que a sua mente é. Na verdade, dizer que ela é sua não é muito apropriado. Ela é coletiva; pertence a todos nós. A psicologia moderna faz dela objeto de estudo, a análise junguiana, particularmente, a considera objeto de estudo, e eles já começaram a pressentir a existência de algo como um inconsciente coletivo. A sua mente não é sua — ela pertence a todos nós. Nossos corpos estão bem separados, mas nossas mentes não estão tão separadas assim. Nossos corpos estão visivelmente separados, mas nossas mentes se sobrepõem — e nossas almas são uma só.

Os corpos estão separados, as mentes se sobrepõem e as almas são uma coisa só. Eu não tenho uma alma diferente da sua e você não tem uma alma diferente da minha. No âmago da existência nós nos encontramos e somos uma coisa só. É isso que é "Deus" — o ponto de encontro de tudo. Entre Deus e o mundo — o "mundo" com o significado de corpos — está a mente.

A mente é uma ponte, uma ponte entre o corpo e a alma, entre o mundo e Deus. Não tente destruí-la!

Muitos tentaram destruí-la por meio da Ioga. Esse é um mau uso da Ioga. Muitos tentaram destruí-la por meio de posturas corporais, da respiração — e provocaram alterações químicas sutis interiormente. Por exemplo, se você ficar apoiado sobre a cabeça em *shirshasan*, de ponta-cabeça, você pode destruir a mente muito facilmente. Porque, quando o sangue aflui para a cabeça muito rapidamente, como se fosse uma inundação... quando você se apóia sobre a cabeça é isso o que está tentando fazer. O mecanismo cerebral é muito delicado. Você o estará inundando de sangue, os tecidos delicados do cérebro vão morrer. É por isso que você nunca encontra um iogue muito inteligente. Não — os iogues são burros; uns um pouco mais, outros um pouco menos. O corpo deles é saudável, isso é verdade — forte, mas a mente está simplesmente morta. Você não vai ver um lampejo de inteligência. Verá um corpo extremamente robusto, como o de um animal, mas o lado humano, de alguma forma, desapareceu.

Se ficar de ponta-cabeça, você estará fazendo com que o sangue aflua para a cabeça graças à gravidade. A cabeça precisa de sangue, mas numa quantidade muitíssimo pequena; e muito lentamente, não numa torrente. Contra a força da gravidade, muito pouco sangue chega à cabeça e de uma forma muito gradativa. Se sangue demais chegar à cabeça, isso passa a ser destrutivo.

A Ioga costuma aniquilar a mente. A respiração pode ser usada para aniquilar a mente — existem ritmos de respiração, variações sutis na respiração, que podem ser extremamente prejudiciais para a mente, tão delicada. Pode-se destruir a mente por meio deles. Trata-se de truques antigos. Os truques mais modernos são proporcionados pela ciência: LSD, maconha e outras drogas; mais cedo ou mais tarde, drogas cada vez mais sofisticadas vão surgir.

## MENTE E MEDITAÇÃO

*127*

Não sou a favor de deter a mente. Sou a favor de observá-la. Ela se detém por si mesma — e aí é uma beleza. Quando algo acontece sem nenhuma violência, isso por si só é uma beleza; trata-se de um crescimento natural. Você pode forçar uma flor e obrigá-la a se abrir, pode puxar as pétalas de um botão e abri-lo na marra, mas você estará destruindo a beleza da flor. Ela estará praticamente morta. Não poderá resistir à sua violência. As pétalas penderão frouxas, flácidas, agonizantes. Quando o botão se abre por meio da própria energia, quando ele se abre naturalmente, essas pétalas estão vivas.

A mente é o seu florescimento — não a force de modo algum. Eu sou contra qualquer tipo de força e contra qualquer tipo de violência, principalmente violência contra si mesmo. Só observe — em prece, amor e reverência profundos — e veja o que acontece. Os milagres acontecem por si mesmos. Não é preciso forçar nada.

Como parar de pensar? Eu digo que basta observar, ficar alerta. E deixe de lado essa idéia de deter o pensamento, do contrário isso deterá a transformação natural da sua mente. Deixe de lado essa idéia de detê-la! Quem é você para fazer isso?

Quando muito, aproveite. E não existe nada de errado — até mesmo os pensamentos imorais, os chamados pensamentos imorais que passam pela sua cabeça, deixe que passem. Não há nada de errado. Você continua neutro, sem causar nenhum mal. É só ficção, você está vendo um filme interior. Deixe que ele siga seu curso e ele o levará, pouco a pouco, ao estado de não-mente. O ato de observar culmina finalmente na não-mente.

A não-mente não está *contra* a mente; a não-mente está *além* da mente. Ela não surge quando você mata e destrói a mente. Ela surge quando você a compreende de modo tão absoluto que o pensamento deixa de ser necessário — sua compreensão passa a substituí-la.

CAPÍTULO **8**

# O SULCO E A RODA

O ser humano parece estar no presente, mas isso não passa de aparência. O ser humano vive no passado. Ele passa pelo presente, mas suas raízes continuam fincadas no passado. O presente não é tempo de verdade para a consciência comum — para a consciência comum, o passado é o tempo real, o presente é só uma passagem do passado para o futuro, só uma passagem momentânea. O passado é real e o futuro também, mas o passado é irreal para a consciência comum.

O futuro nada mais é do que o passado ampliado. O futuro nada mais é do que o passado projetado várias e várias vezes. O presente parece não-existencial. Se pensar no presente, você não o encontrará em absoluto — porque, no instante em que o encontrar, ele já terá passado. Um instantinho antes, quando você não o tinha encontrado, ele estava no futuro.

Para uma consciência búdica, para um ser desperto, só o presente é existencial. Para a consciência comum, não-consciente, adormecida como um sonâmbulo, o passado e o futuro são reais e o presente é irreal. Só quando a pessoa desperta é que o presente fica real, e o passado e o futuro passam a ser irreais.

O SULCO E A RODA    *129*

Por que isso acontece? Por que você vive no passado? — porque a mente nada mais é do que o acúmulo do passado. A mente é memória — tudo o que você fez, tudo o que sonhou, tudo o que quis fazer e não pôde, tudo o que você imaginou no passado, é a sua mente. A mente é uma entidade morta. Se olhar através dela, você nunca encontrará o presente, pois o presente é vida, e a vida não pode ser encarada através de um agente morto. A mente está morta.

A mente não passa de poeira acumulada sobre um espelho. Quanto mais poeira se acumula, menos cristalino é o espelho. E, se a camada de poeira for muito grossa, como acontece no seu caso, o espelho não reflete absolutamente nada.

Todo mundo acumula poeira — você não só acumula poeira como fica grudado nela; você pensa que ela é um tesouro. O passado já foi — por que você se apega a ele? Não há nada que você possa fazer com respeito a ele, você não pode voltar atrás, não pode apagá-lo — por que se apegar a ele? Ele não é um tesouro. E, se você se apega ao passado, considerando-o um tesouro, é claro que a sua mente vai querer revivê-lo várias vezes no futuro. Seu futuro não poderá ser nada mais do que o seu passado modificado — um pouco aperfeiçoado, um pouco mais decorado, mas vai ser a mesma coisa, porque a mente não pode pensar naquilo que desconhece. A mente só pode projetar o que conhece, aquilo que você sabe.

Você se apaixona por uma mulher e ela morre. Como você vai encontrar outra mulher? A outra mulher será uma forma modificada da falecida; pois esse é o único jeito que você conhece. Faça o que fizer no futuro, isso nada mais será que a continuação do passado. Você pode mudar um pouquinho — uma arrumadinha aqui, outra ali, mas o principal não mudará em nada.

130 CONSCIÊNCIA

Alguém perguntou a Mulla Nasruddin quando ele jazia em seu leito de morte: — Se lhe for concedida outra vida, como irá vivê-la, Nasruddin? Fará alguma mudança? — Nasruddin ponderou de olhos fechados, pensou, meditou, então abriu os olhos e disse: — Sim, se me for concedida outra vida, eu repartirei meu cabelo ao meio. Sempre foi esse o meu desejo, mas meu pai sempre insistiu para que eu não o repartisse assim. E, quando meu pai morreu, o cabelo já tinha se acostumado desse jeito e eu não consegui mais usá-lo repartido ao meio.

Não ria! Se lhe perguntarem o que você faria diferente na sua vida, você apontaria mudanças tão pequenas quanto essa. Um marido com um nariz diferente, uma mulher com uma aparência um pouco diferente, uma casa maior ou menor — mas essas mudanças não seriam nada mais do que repartir o cabelo ao meio; seriam triviais, supérfluas. Em essência, sua vida continuaria a mesma. Você já fez isso muitas vezes; sua vida continuou basicamente a mesma. Muitas vezes lhe concederam outras vidas. Você já viveu muitas vezes; você é muito, muito velho. Não há nada de novo sobre a terra, você é mais velho do que a terra, pois já viveu em outras terras também, em outros planetas. Você é tão velho quanto a existência — só podia ser assim, pois você faz parte dela. Você é muito velho, mas está repetindo o mesmo padrão vezes sem conta. É por isso que os hindus chamam isso de roda da vida e da morte — "roda" porque ela vive se repetindo. É uma repetição: os mesmos raios subindo e descendo, subindo e descendo.

A mente se projeta e ela é passado, portanto, seu futuro não será nada mais nada menos que o passado. E qual é o passado? O que você fez no passado? Seja o que for que tenha feito — coisas boas, ruins, isto, aquilo, qualquer coisa que tenha feito cria sua própria repetição. Essa é a teoria do *karma*. Se ficou com raiva antes de ontem, você criou uma certa potencialidade para ficar novamente com raiva ontem. Aí vo-

O SULCO E A RODA 131

cê a repete, dá mais energia a essa raiva. Esse sentimento — você o deixou mais enraizado, você o cultivou; hoje você o repetirá novamente com mais ímpeto, com mais energia. E amanhã será novamente uma vítima de hoje.

Cada ação sua, ou mesmo o pensamento acerca de fazer alguma coisa, tem suas próprias formas de continuar persistindo, pois ela cria uma espécie de sulco em seu ser. Começa a absorver energia de você. Você está com raiva, então a raiva passa e você acha que não está mais com raiva — você não percebe a coisa toda. Quando sua disposição mudou, nada aconteceu; só a roda se moveu e o raio que estava em cima foi para baixo. A raiva estava lá na superfície uns minutos atrás; ela está agora no inconsciente, nas profundezas do seu ser. Esperará a hora certa para aflorar novamente. Se agir de acordo com isso, você só estará reforçando essa raiva. Então você terá dado mais vida a ela. Ela terá ganhado mais poder, mais energia. Estará pulsando como uma semente sob o solo, esperando a oportunidade e a estação certa para germinar.

Todo ato se autoperpetua, todo pensamento se autoperpetua. Uma vez que coopere com ele, você está lhe dando energia. Mais cedo ou mais tarde ele se tornará um hábito. Você o estará executando, mas não será seu autor; só estará fazendo isso pela força do hábito. As pessoas dizem que os hábitos são uma segunda natureza — isso não é nenhum exagero. Pelo contrário, é uma meia verdade! Na realidade, o hábito acaba por se tornar a primeira natureza, enquanto a natureza passa a ser secundária. A natureza torna-se um mero apêndice ou nota de rodapé, enquanto o hábito passa a ser o texto principal do livro.

Você vive por meio do hábito — isso significa que o hábito vive basicamente por meio de você. O hábito subsiste por si mesmo, com sua própria energia. É claro que ele pega essa energia de você, mas você cooperou com isso no passado e continua cooperando no presente. Lentamente, o hábito passa a ser o amo e você um mero servo, uma som-

132 CONSCIÊNCIA

bra. O hábito dará o comando, a ordem, e você será apenas um servo
obediente. Terá de obedecer a essa ordem.

Certa vez um místico hindu, Eknath, decidiu fazer uma peregrinação. A peregrinação duraria pelo menos um ano, pois teria de passar
por todos os lugares sagrados do país. É claro que seria um privilégio
estar com Eknath, por isso milhares de pessoas se juntaram a ele. O
ladrão da cidade, que resolvera ir também, comentou: — Sei que sou
ladrão e não mereço fazer parte de um grupo religioso, mas dê-me
uma chance também. Eu gostaria de fazer a peregrinação.

Eknath respondeu: — Será difícil, pois um ano é bastante tempo
e você pode começar a roubar as coisas das pessoas. Pode causar problemas. Por favor, esqueça essa idéia. — Mas o ladrão insistiu, dizendo: — Ficarei um ano sem roubar, mas eu tenho de ir. E prometo a
você que, por um ano, não roubarei nada de ninguém. — Então Eknath concordou.

Mas, depois de uma semana, os problemas começaram: as coisas
começaram a sumir da bagagem das pessoas. O mais intrigante era o
fato de que ninguém as estava roubando — os objetos sumiam da sacola de alguém e então eram achados na sacola de outra pessoa, alguns dias depois. O dono da sacola em que estava o fruto do roubo
afirmou: — Eu não fiz nada. Realmente não sei como essas coisas vie-
ram parar na minha sacola.

Eknath suspeitou, por isso uma noite ele fingiu que dormia e ficou acordado observando. O ladrão apareceu no meio da madrugada
e começou a trocar as coisas de lugar, tirando da bagagem de uma pessoa e colocando na de outra. Eknath pegou-o em flagrante e disse: —
O que está fazendo? Você prometeu!

E o ladrão disse: — Estou cumprindo minha promessa. Não rou-
bei nem um único objeto. Mas esse é um velho hábito que eu tenho...
no meio da noite, se não aprontar alguma, eu não consigo dormir. E
ficar um ano inteiro sem dormir? Você é um homem cheio de com-

O SULCO E A RODA

paixão. Tem de se compadecer de mim. Eu não estou roubando! Todas as coisas foram encontradas; não somem, só mudam de lugar. Além do mais, daqui a um ano vou começar a roubar novamente, então é melhor praticar.

Os hábitos obrigam você a fazer certas coisas; você é uma vítima. Os hindus dão a isso o nome de *karma*. Cada ato que você repete, ou cada pensamento — porque os pensamentos também são ações mentais sutis — fica cada vez mais forte. E então você fica sob o domínio dele. Fica preso ao hábito. Você passa a viver a vida de um prisioneiro, de um escravo. E esse aprisionamento é muito sutil; a prisão é feita de hábitos, de condicionamentos e de ações que você praticou. Tudo isso está em torno do seu corpo e você fica todo emaranhado, mas continua se fazendo de tolo, achando que é você quem está decidindo.

Quando fica zangado, você acha que é você quem decide ficar. Você racionaliza e diz que a situação exigiu esse comportamento: "Eu tive de ficar zangado, senão a criança ficaria malcriada. Se eu não ficasse zangado, as coisas dariam errado, o escritório ficaria um caos. Os empregados não ouviriam; tive de ficar zangado para pôr as coisas em ordem. Para colocar minha mulher em seu devido lugar, tive de ficar zangado." Essas são as racionalizações — é assim que seu ego continua a pensar que você ainda está no comando. Mas você não está.

A raiva é fruto de velhos padrões, do passado. E, quando ela irrompe, você tenta achar uma desculpa para ela. Os psicólogos têm feito experiências e chegaram às mesmas conclusões que a psicologia esotérica oriental: o ser humano é uma vítima, não é senhor de si mesmo. Os psicólogos deixaram as pessoas em isolamento, com todo conforto possível. Tudo o que lhes fosse necessário era proporcionado, mas elas não tinham contato nenhum com outros seres humanos. Viveram em isolamento numa cela com ar-condicionado — sem ter de trabalhar, sem ter ne-

# CONSCIÊNCIA

nhum problema, mas continuaram com os mesmos hábitos. Numa manhã, sem nenhuma razão — porque elas tinham todo conforto, não havia com que se preocuparem, nenhuma desculpa para ficarem zangadas —, um homem descobriu de repente que começava a sentir raiva.

Ela está dentro de você. Às vezes, surge uma tristeza sem nenhuma razão aparente. E, às vezes, aflora um sentimento de felicidade, euforia ou êxtase. Um homem destituído de todos os relacionamentos sociais, isolado num ambiente com todo conforto, em que todas as suas necessidades são satisfeitas, passa por todos os estados de ânimo pelos quais você passa num relacionamento. Isso significa que alguma coisa vem de dentro e você a associa a outra pessoa. Isso é só uma racionalização.

Você se sente bem, você se sente mal e esses sentimentos borbulham da sua própria inconsciência, do seu próprio passado. Ninguém é responsável, exceto você. Ninguém pode deixar você zangado ou feliz. Você fica feliz por sua própria conta, fica zangado por sua própria conta e fica triste por sua própria conta. A menos que perceba isso, você continuará para sempre um escravo.

O domínio do seu próprio eu você conquista quando percebe: "Sou absolutamente responsável por tudo o que me acontece. Seja o que for que acontecer, incondicionalmente — sou inteiramente responsável."

A princípio, isso o deixará extremamente triste e deprimido, porque, quando pode jogar a culpa nos outros, você fica tranqüilo e certo de que não é você quem está errando. O que você pode fazer se a sua mulher está se comportando dessa forma tão desagradável? Você tem de ficar com raiva. Mas, veja bem, a sua mulher está se comportando dessa forma por causa dos seus próprios mecanismos interiores. Ela não está sendo desagradável com você. Se você não estivesse ali, ela seria desagradável com o filho. Se o filho não estivesse ali, ela seria desagradável com a pia cheia de louça; ela jogaria toda a louça no chão. Quebraria o rádio. Ela teria de fazer alguma coisa; esse sentimento afloraria nela.

O SULCO E A RODA                    *135*

Foi pura coincidência o fato de você estar ali, lendo seu jornal, e ela ter sido desagradável com você. Foi pura coincidência o fato de você estar ali, à disposição, no momento errado.

Você está com raiva não porque sua mulher foi desagradável — ela pode ter criado toda a situação, mas isso é tudo. Ela pode ter lhe dado a oportunidade de ficar com raiva, uma desculpa para ficar com raiva, mas a raiva estava borbulhando. Se a sua mulher não estivesse ali, você teria ficado com raiva do mesmo jeito — com outra coisa, com alguma idéia, mas a raiva tinha de aflorar. Ela era algo que vinha do seu próprio inconsciente.

Todo mundo é responsável, totalmente responsável, pelo seu próprio ser e pelo próprio comportamento. No começo, essa constatação fará com que você fique muito deprimido, pois você sempre achou que quisesse ser feliz — então, como você pode ser responsável pela sua infelicidade? Você sempre almejou um estado de bem-aventurança, então como pode decidir ficar com raiva? É por causa disso que você joga a responsabilidade nas costas dos outros.

Se continuar a jogar a responsabilidade nas costas dos outros, lembre-se de que você vai continuar sendo sempre um escravo, pois ninguém pode mudar ninguém. Como é possível mudar outra pessoa? Será que, algum dia, alguém já conseguiu mudar outra pessoa? Um dos desejos mais insatisfeitos deste mundo é mudar o outro. Ninguém conseguiu fazer isso até hoje, é impossível mudar o outro, pois ele é dono da própria vida — você não pode mudá-lo. Você continua a jogar a responsabilidade nas costas do outro, mas não pode mudá-lo. E como você continua a jogar a responsabilidade nele, você nunca verá que a responsabilidade básica é sua. A mudança básica precisa acontecer dentro de você.

Você cai numa armadilha: Se começa a achar que você é responsável por todas as suas atitudes, por todos os seus estados de ânimo, a princípio, você é tomado por um sentimento de depressão. Mas, se conseguir vencer essa depressão, logo você sentirá luz, pois estará livre das outras pessoas. Agora poderá trabalhar em si mesmo. Poderá ser livre, poderá ser feliz. Mesmo que o mundo inteiro esteja infeliz e cativo, isso não vai fazer a mínima diferença. A primeira libertação é parar de pôr a culpa nos outros, a primeira libertação é saber que você é o responsável. Depois disso, muitas coisas passam a ser imediatamente possíveis.

Se continuar a jogar a responsabilidade nos ombros dos outros, não se esqueça de que será para sempre um escravo, pois ninguém pode mudar ninguém. Como é possível mudar outra pessoa? Alguém já conseguiu isso antes? Independentemente do que esteja acontecendo com você — se estiver triste, simplesmente feche os olhos e observe sua tristeza. Procure saber aonde ela leva, mergulhe fundo dentro dela. Logo você encontrará a causa. Pode ser que você tenha de percorrer um longo percurso, pois toda a sua vida está envolvida nisso; e não só esta vida, mas muitas outras que você já viveu. Você encontrará muitas feridas em si mesmo, que machucam, e por causa dessas feridas você está triste — elas estão tristes; essas feridas não cicatrizaram ainda; ainda estão abertas. O método de retroceder até a fonte, ir do efeito até a causa, curará essas feridas. Como curá-las? Por que curá-las? Qual é o fenômeno implicado nisso?

Sempre que faz uma retrospectiva, a primeira coisa que você deixa de lado é a mania de pôr a culpa nos outros, pois se faz isso você acaba se voltando para as circunstâncias externas. Nesse caso, todo o processo está errado: você tenta encontrar a causa em outra pessoa: "Por que minha mulher foi tão desagradável?" Aí a vontade de saber "por que" faz com que você continue a investigar o comportamento da sua mulher. Você errou o primeiro passo e todo o processo fracassará.

"Por que estou infeliz? Por que estou com raiva?" — feche os olhos e deixe que isso seja uma meditação profunda. Deite-se no chão, feche os olhos, relaxe o corpo e sinta a razão por que está com raiva.

# O SULCO E A RODA

Simplesmente esqueça sua mulher; isso é só uma desculpa — A, B, C, D, seja o que for, esqueça a desculpa. Basta que mergulhe profundamente dentro de si, mergulhe na raiva. Use a própria raiva como um rio; você flui dentro dessa raiva e ela o leva para dentro de si mesmo. Você descobrirá feridas sutis em seu interior. A sua mulher pareceu desagradável porque ela tocou numa ferida sutil que você tem, algo que ainda dói. Você nunca se achou atraente, nunca achou seu rosto bonito e existe uma ferida aí dentro. Quando sua mulher foi desagradável, ela fez com que você ficasse consciente do seu rosto. Ela diz: — Vá e se olhe no espelho! — isso dói. Você tem sido infiel à sua mulher e, quando quer ser desagradável, ela toca novamente nesse assunto: — Por que você estava rindo com essa mulher? Por que parecia tão feliz sentado ao lado dela? — ela toca uma ferida. Você tem sido infiel, sente-se culpado; a ferida está aberta.

Feche os olhos, sinta a raiva e deixe que ela aflore totalmente de modo que você possa ver como ela é. Então deixe que essa energia o ajude a voltar ao passado, pois a raiva vem do passado. Não pode vir do futuro, é claro. O futuro ainda não passou a existir. Ela também não vem do presente. É nisso que se baseia toda a teoria do *karma*; ela não pode vir do futuro porque o futuro ainda não existe; não pode vir do presente porque você nem sabe o que ele é. Só as pessoas que despertaram sabem o que é o presente. Você vive exclusivamente no passado, portanto, essa raiva só pode ter vindo de algum lugar do seu passado. A ferida tem de estar em algum lugar da sua memória. Volte. Pode não haver apenas uma ferida, pode haver várias — pequenas, grandes. Mergulhe fundo e encontre a primeira ferida, a fonte original de toda a raiva. Você conseguirá encontrá-la se tentar, pois ela já está ali. Está ali; todo o seu passado está ali. É como um filme, rodando e aguardando interiormente. Você faz com que ele rode, começa a assisti-lo. Esse é o processo de retroceder até a causa original. E essa é a beleza de todo o processo. Se você conseguir retroceder conscientemente, se conseguir sentir conscientemente uma ferida, ela imediatamente cicatrizará.

Por que ela cicatriza? Porque a ferida é criada pela inconsciência, pela falta de percepção consciente. A ferida faz parte da ignorância, do sono. Quando você volta ao passado com consciência e olha essa ferida, a consciência se torna uma força de cura. No passado, quando a ferida se abriu, isso aconteceu na inconsciência. Você ficou com raiva, foi possuído pela raiva, e fez alguma coisa. Matou um homem e teve de esconder esse fato do mundo. Você pode escondê-lo da polícia, pode escondê-lo dos tribunais e da justiça, mas como pode escondê-lo de si mesmo? — você sabe, isso dói. E, sempre que alguém lhe der a oportunidade de ficar com raiva, você vai ficar com medo, porque pode acontecer novamente, você pode matar sua mulher. Volte ao passado, pois nesse momento em que você assassinou um homem ou se comportou como um louco homicida, você estava inconsciente. Na inconsciência, essas feridas têm sido conservadas. Agora faça conscientemente uma retrospectiva.

Fazer uma retrospectiva significa voltar conscientemente às coisas que você fez na inconsciência. Volte — só a luz da consciência cura; ela é uma força de cura. Tudo o que você puder fazer conscientemente será terapêutico e não machucará mais.

O homem que volta ao passado se liberta dele. Como o passado deixa de interferir, ele passa a não ter mais poder sobre ele e chega a um ponto final. O passado não tem nenhum espaço no seu ser. E, quando o passado não tem nenhum espaço no seu ser, você fica disponível para o presente; nunca antes disso.

Você precisa de espaço — o passado está tão entranhado dentro de você — é um armário cheio de coisas mortas — que não há espaço para o presente entrar. Esse armário continua sonhando com o futuro, portanto, metade dele está cheia do que não existe mais e a outra metade está cheia com o que não existe ainda. E o presente? — está simples-

## O SULCO E A RODA

mente esperando do lado de fora. É por isso que o passado nada mais é do que uma passagem, uma passagem do passado para o futuro, só uma passagem momentânea.

Liqüide com o passado — a menos que liqüide com ele, você vai viver uma vida-fantasma. Sua vida não é verdadeira, não é existencial. O passado vive por seu intermédio, os mortos continuam assombrando você. Volte ao passado — sempre que tiver uma oportunidade, sempre que alguma coisa acontecer dentro de você. Felicidade, infelicidade, tristeza, raiva, ciúme — feche os olhos e faça uma retrospectiva. Logo você vai aprender a viajar ao passado. Logo vai conseguir voltar no tempo e, então, muitas feridas irão se abrir. Quando essas feridas se abrirem dentro de você, não comece a fazer nada. Não é preciso *fazer* nada. Simplesmente observe, olhe, vigie. A ferida está ali — você simplesmente observa, concentra sua energia de atenção na ferida, olha para ela. Olhe para ela sem fazer nenhum julgamento — pois, se julgar, se disser: "Isso é ruim, não deveria estar aqui", a ferida se fechará novamente. Então ela terá de se esconder. Sempre que você condena, a mente tenta esconder as coisas. É assim que o consciente e o inconsciente são criados. Do contrário, a mente seria uma coisa só; não seria preciso nenhuma divisão. Mas você condena — então a mente tem de dividir e colocar as coisas no escuro, no porão, para que você não possa vê-las e não seja preciso condená-las.

Não condene, não avalie. Seja simplesmente uma testemunha, um observador imparcial. Não negue. Não diga: "Isso não é bom", pois isso é uma negação e você começou a reprimir.

Seja imparcial. Só observe e olhe. Olhe com compaixão e a cura se efetuará.

Não me pergunte por que isso acontece, pois é um fenômeno natural — assim como a água evapora quando chega aos cem graus. Você nunca pergunta: "Por que a água não evapora quando chega aos noventa graus?" Ninguém pode responder a essa pergunta. Simplesmente acontece de a água só evaporar aos cem graus. Não há dúvida disso, e a dúvida é irrelevante. Se ela evaporasse aos noventa graus, você questionaria. Se evaporasse aos oitenta, você ia querer saber por quê. É simplesmente natural que a água evapore aos cem graus.

O mesmo vale para a natureza interior. Quando uma consciência imparcial, compassiva, toca uma ferida, essa ferida some — evapora. Não existe explicação para isso. É simplesmente natural, é como as coisas são, é o que acontece. Quando digo isso, falo por experiência própria. Tente e você constatará o mesmo. É fato.

# PARTE III

# Consciência em Ação

*O homem que dorme não pode ser total em nada. Você está comendo, mas não é total ao comer; está pensando em mil coisas, está sonhando com mil coisas, e tudo o que está fazendo é se empanturrar mecanicamente. Você pode estar fazendo amor com sua mulher ou com seu marido e não estar totalmente ali presente. Pode estar pensando em outra mulher, fazendo amor com sua esposa e pensando em alguma outra mulher. Ou pode estar pensando no supermercado, no preço das coisas que você quer comprar, ou no carro, na casa, em mil coisas diferentes — e você está fazendo amor mecanicamente.*

*Seja total em seus atos, e se for total você terá de ficar consciente; ninguém pode ser total sem estar consciente. Ser total significa não pensar em outra coisa. Se estiver comendo, simplesmente coma; você está totalmente aqui agora. O ato de comer é tudo: você não está apenas se enchendo de comida, você está saboreando a comida. Corpo, mente, alma, tudo está em sintonia enquanto você está comendo e existe uma harmonia, um ritmo profundo, em todas as três camadas do seu ser. Então o ato de comer trans-*

*forma-se numa meditação, caminhar transforma-se numa meditação, cortar lenha transforma-se numa meditação, carregar água do poço transforma-se em meditação, cozinhar transforma-se em meditação. Pequenas coisas são transformadas: elas passam a ser atos luminosos.*

## CAPÍTULO 9

# COMECE DO CENTRO

É preciso entender que o silêncio não faz parte da mente. Por isso, sempre que dissermos: "Ele tem uma mente silenciosa", estaremos falando besteira. A mente nunca pode ser silenciosa. O próprio ser da mente é anti-silêncio. Mente é som, não é silêncio. Se uma pessoa está realmente em silêncio, então temos de dizer que ela não tem mente.

"Mente silenciosa" é um termo contraditório. Se a mente existe, ela não pode ser silenciosa; e, se for silenciosa, ela não existe mais. É por isso que os monges zen usam o termo "não-mente", nunca "mente silenciosa". Não-mente é silêncio — e, no momento em que existe a não-mente, você não pode sentir seu corpo, pois a mente é a passagem por meio da qual você sente o corpo. Se existe a não-mente, não é possível sentir que você é um corpo; o corpo desaparece da consciência. Não existe nenhuma mente e nenhum corpo — só existência pura. Essa existência pura é indicada pelo silêncio.

Como conseguir esse silêncio? Como ficar nesse silêncio? Qualquer coisa que você faça será inútil; esse é o maior problema. Para quem busca o silêncio, esse é o maior problema, nada que você faça dará resultado — porque o "fazer" não é relevante. Você pode se sentar numa determinada postura — estará fazendo alguma coisa. Já deve ter visto

144 CONSCIÊNCIA

a postura de Buda; você pode se sentar na postura de Buda — estará fazendo alguma coisa. No caso do próprio Buda, essa postura aconteceu. Não era a causa do seu silêncio; antes, era uma conseqüência.

Quando a mente não está presente, quando o ser está em absoluto silêncio, o corpo o acompanha como uma sombra. Ele assume uma determinada postura — a mais descontraída possível, a mais passiva possível. Mas você não consegue fazer isso do modo contrário. Você não pode assumir uma postura primeiro e depois fazer com que isso resulte em silêncio. Como vemos Buda sentado numa determinada postura, achamos que basta sentar-se desse jeito para que o silêncio seja mera conseqüência. Essa seqüência está errada. No caso de Buda, o fenômeno interior aconteceu primeiro e a postura veio em seguida.

Veja isso por meio da sua própria experiência: quando você fica com raiva, o corpo assume uma determinada postura. Seus olhos ficam vermelhos, seu rosto adquire outra expressão. A raiva é interior e o corpo a acompanha — não só externamente, mas internamente também, toda a química do corpo muda. Seu sangue corre mais rápido nas veias, sua respiração fica diferente, você fica pronto para lutar ou fugir. Mas a raiva vem primeiro, depois o corpo a acompanha.

Comece do extremo oposto: faça com que seus olhos fiquem sangüíneos, fique ofegante, faça tudo o que o corpo faz quando a raiva aflora. Você pode agir, mas não pode fazer com que a raiva aflore. O ator faz isso o tempo todo. Quando está fazendo uma cena de amor, ele faz tudo o que o corpo faz quando sente amor, mas não existe amor nenhum. O ator pode fazer isso melhor do que você, mas não conseguirá fazer surgir o amor. Aparentemente, ele parecerá mais zangado do que você quando está zangado de verdade, mas é tudo mentira. Nada está acontecendo interiormente.

Sempre que começa de fora, você cria um falso estado. O verdadeiro sempre acontece primeiro no centro, e então as ondas chegam à periferia.

COMECE DO CENTRO                    *145*

O centro mais profundo está em silêncio. Comece dali.

* * *

A ação só pode surgir do silêncio. Se você não estiver em silêncio — se não souber se sentar em silêncio, ou ficar em silêncio, em meditação profunda — tudo o que fizer será *reação*, não ação. Você reage. Alguém insulta você, toca seu ponto fraco, e você reage. Você fica com raiva, pula no pescoço da pessoa — e você chama isso de ação? Não é ação, note bem, é reação. Ela está manipulando você e você está sendo manipulado. É como apertar um botão e a luz acender, apertar um botão e a luz apagar — é isso o que as pessoas estão fazendo com você. Elas ligam e desligam você.

Alguém passa e elogia você, massageia seu ego e você sente que é o tal. E então alguém vem e acaba com você e você se sente a última das criaturas. Você não é dono de si mesmo. Qualquer um pode insultá-lo e fazer com que fique triste, zangado, irritado, aborrecido, violento, maluco. E qualquer um pode elogiá-lo e fazê-lo subir às alturas, pode fazê-lo se sentir o maioral, Alexandre o Grande não era nada comparado a você. E você age de acordo com as manipulações dos outros. Isso não é ação de verdade.

Buda estava passando por uma aldeia e as pessoas começaram a insultá-lo. E eles usaram todo tipo de palavra insultuosa que puderam, todos os palavrões que sabiam. Buda ficou ali, ouvindo tudo em silêncio, com muita atenção, e então disse: — Obrigado por me procurarem, mas estou com pressa. Tenho de chegar à próxima aldeia, as pessoas esperam por mim lá. Não posso dedicar mais tempo a vocês hoje, mas amanhã voltarei e terei mais tempo. Vocês podem se reunir novamente e se amanhã quiserem me dizer mais alguma coisa que não puderam dizer hoje, poderão me dizer. Mas, hoje, vocês me desculpem.

As pessoas mal podiam crer no que ouviam, no que viam: o homem continuava absolutamente impassível, imperturbável. Uma de-

*146* CONSCIÊNCIA

las perguntou: — Você não nos ouviu? Estamos tratando você da pior maneira possível e você nem sequer reage!

Buda disse: — Se queriam uma resposta, chegaram tarde demais. Deveriam ter vindo há dez anos, quando eu responderia a vocês. Mas nesses últimos dez anos eu deixei de ser manipulado pelos outros. Não sou mais um escravo, sou senhor de meus atos. Ajo de acordo comigo mesmo, não de acordo com ninguém. Ajo de acordo com a minha necessidade interior. Vocês não podem me forçar a fazer nada. Não há problema nenhum; vocês queriam me maltratar, me maltrataram. Fiquem satisfeitos; cumpriram muito bem sua tarefa. Mas não levei em conta seus insultos, e por isso eles não significam nada.

Quando alguém insulta você, você tem de se tornar um receptor; tem de aceitar o que a pessoa diz, só assim pode reagir. Mas, se você não aceitar, se simplesmente permanecer neutro, se mantiver a distância e a calma, o que a outra pessoa pode fazer?

Buda disse: — Alguém pode jogar uma tocha acesa no rio. Ela continuará queimando até tocar a água. No momento em que cair no rio, todo o fogo se extinguirá... o rio se encarrega de esfriá-la. Eu me tornei um rio. Você cospe insultos em mim, eles são como fogo quando você os cospe, mas no momento em que me atinge, esse fogo se extingue ao entrar em contato com a minha serenidade. Eles não me ferem. Você atira espinhos, ao cair no meu silêncio eles viram flores. Eu ajo de acordo com a minha própria natureza intrínseca.

Isso é espontaneidade.

O homem de consciência, de entendimento, age. O homem que está desatento, inconsciente, mecânico como um robô, reage.

E não é que o homem de consciência simplesmente observe — a observação é um aspecto do seu ser. Ele não age sem observar. Não entenda mal — toda a Índia, por exemplo, tem interpretado mal pessoas

# COMECE DO CENTRO

como Buda; isso fez com que todo o país ficasse sem ação. Achando que todos os grandes mestres dizem: "Sentem-se em silêncio", o país ficou preguiçoso, imprestável. O país perdeu energia, vitalidade, vida. Ficou totalmente entorpecido, burro, porque a inteligência só se aguça quando você age.

E, quando você age espontaneamente, com base na sua consciência e vigilância, uma grande inteligência aflora. Você começa a brilhar, a reluzir; fica luminoso. Mas isso só acontece por meio de duas coisas: observação e ação pautada na observação. Se a observação virar inação, você está cometendo suicídio.

A observação tem de levar à ação, um novo tipo de ação. A ação adquire uma nova característica. Você observa ao mesmo tempo que fica em absoluta tranqüilidade e silêncio. Você avalia a situação e, com base no que vê, você responde. O homem de consciência responde, ele é *responsável* — literalmente! É responsivo, não reage. Sua ação brota da consciência, não da manipulação; essa é a diferença. Por isso, não existe incompatibilidade entre a observação e a espontaneidade. A observação é o início da espontaneidade e esta é a conclusão da observação.

O verdadeiro homem de entendimento age — age de modo extraordinário, total, mas age de improviso, com base na sua consciência. Ele é como um espelho. O homem comum, inconsciente, não é como um espelho; é como um filme fotográfico. Qual é a diferença entre o espelho e o filme fotográfico? Um filme, depois de usado, não serve mais para nada. Ele recebe a impressão e a conserva em si — nele fica impressa a foto. Mas, lembre-se, a foto não é a realidade — a realidade está sempre mudando. Você pode entrar num jardim e tirar uma foto de uma roseira. Amanhã a foto estará igual, depois de amanhã ela também estará igual. Volte ao jardim e olhe a roseira — ela não será mais a mesma. As rosas murcharam ou surgiram outros botões. Mil coisas aconteceram.

148                                    CONSCIÊNCIA

A vida nunca é estática, ela muda continuamente. Sua mente funciona como uma câmera, ela não pára de colecionar fotos — é um álbum. E você vive reagindo de acordo com essas fotos. Por isso, você nunca é fiel à realidade, pois, faça o que fizer, estará errado. *Faça o que fizer*, repito, estará errado. Nunca será conveniente.

Uma mulher estava mostrando o álbum de fotos da família para o filho, quando eles viram a foto de um homem atraente, cabelos fartos, barba, muito jovem e vigoroso. O garoto perguntou: — Mamãe, quem é este homem?

E a mulher respondeu: — Não o reconhece? É seu pai!

O menino olhou para a foto intrigado e comentou: — Se ele é o meu pai, então quem é esse homem careca que mora conosco?

A foto é estática. Ela fica sempre igual, nunca muda.

A mente inconsciente funciona como uma câmera, como um filme fotográfico. A mente vigilante, meditativa, funciona como um espelho. Ela capta a impressão, mas continua absolutamente vazia, sempre vazia. Assim, seja o que for que aparecer na frente do espelho, será refletido. Se você ficar na frente dele, ele refletirá você. Se você for embora, não pode dizer que o espelho traiu você. O espelho é simplesmente um espelho. Quando você sai da frente dele, ele pára de refletir você; ele não tem mais nenhuma obrigação de refletir você. Agora outra pessoa está na frente dele — ele reflete essa pessoa. Se ninguém estiver ali, ele não reflete nada. O espelho é sempre fiel à realidade.

O filme fotográfico nunca é fiel à realidade. Mesmo que a sua foto seja tirada agora, na hora em que o fotógrafo baixar a câmera, você já estará diferente! Muita água já terá corrido rio abaixo. Você cresceu, mudou, ficou mais velho. Talvez só tenha se passado um minuto, mas um minuto pode fazer toda diferença — você pode estar morto! Um

## COMECE DO CENTRO

149

minutinho atrás você estava vivo; agora pode estar morto. As fotos nunca morrem.

Mas, no espelho, se você estiver vivo, aparecerá vivo; se estiver morto, aparecerá morto.

Aprenda a se sentar em silêncio — torne-se um espelho. O silêncio faz da sua consciência um espelho e você viverá o momento. Refletirá a vida. Não carregará um álbum dentro da cabeça. Nesse dia seus olhos serão puros e inocentes, você será lúcido, sagaz, e nunca será infiel à realidade.

Isso é viver de verdade.

# CAPÍTULO 10

# SEJA ESPONTÂNEO

Quando age, você sempre toma por base o passado. Você vive de acordo com as experiências que acumulou, age com base nas conclusões a que chegou no passado — como pode ser espontâneo?

O passado domina e por causa dele você nem sequer consegue ver o presente. Seus olhos estão tão presos ao passado, a neblina do passado é tão espessa que é impossível enxergar alguma coisa. Você não consegue ver nada! Está quase cego — cego por causa da neblina, cego por causa das conclusões que tirou no passado, cego por causa do conhecimento.

O homem instruído é a criatura mais cega deste mundo. Porque ele vive com base nos conhecimentos que tem, em vez de avaliar as circunstâncias. Ele simplesmente continua vivendo mecanicamente. Aprendeu uma coisa; isso passa a ser um mecanismo embutido dentro dele e ele age de acordo com isso.

Há aquela história bem conhecida:

Existiam dois templos no Japão, um inimigo do outro, pois sempre existiram templos ao longo das eras. Os sacerdotes desses dois templos eram tão hostis um ao outro que nem sequer se olhavam no

SEJA ESPONTÂNEO                                                    *151*

rosto. Se se cruzassem nas ruas, simplesmente não se olhavam. Se se cruzassem na rua, paravam de conversar; havia séculos que os sacerdotes desses dois templos não se falavam.

Mas ambos tinham um garotinho — para servi-los, levar recados. Os dois sacerdotes tinham receio de que os garotos, afinal eram só garotos, pudessem ficar amigos.

Um dos sacerdotes disse ao seu menino: — Nunca se esqueça de que o outro templo é nosso inimigo. Nunca fale com o garoto do outro templo. Eles são gente perigosa... fique longe deles. Fuja deles como o diabo da cruz!

O garoto ficou curioso... porque ele já estava cansado de ouvir longos sermões. Não conseguia entendê-los. Os sacerdotes liam escrituras estranhas, ele não compreendia aquela língua; problemas profundos, existenciais, eram discutidos. Não havia ninguém com quem brincar, ninguém com quem conversar. E, quando lhe diziam para não falar com o menino do outro templo, uma grande tentação brotava dentro dele. É assim que surge a tentação. Nesse dia ele não conseguiu evitar de falar com o outro menino. Quando o viu na rua, ele perguntou: — Aonde você está indo?

O outro menino era um tanto filosófico; de ouvir grandes filosofias ele ficara filosófico. Respondeu: — Indo? Não há ninguém que venha ou que vá! Isso acontece... para aonde quer que o vento me leve... — Ele tinha ouvido o mestre tantas vezes que era assim que vivia um buda, como uma folha morta, seguindo ao sabor do vento. Então o menino disse: — Eu não sou nada! Não existe ninguém que faça algo, então como posso ir a algum lugar? Que bobagem é essa que você está falando? Sou uma folha morta. Vou para onde quer que o vento me leve...

O outro menino encarava-o sem entender nada. Não conseguiu sequer articular uma resposta. Não conseguia encontrar nada para dizer. Estava de fato embaraçado, envergonhado, e pensava: "Meu mestre tinha razão ao aconselhar-me a não falar com essa gente, são gente perigosa. Que conversa é essa? Só perguntei para onde ele ia. Na verdade, eu até já sabia para onde ele estava indo, pois nós dois íamos para o mercado comprar hortaliças. Bastaria dizer isso."

O menino voltou ao templo e contou ao mestre: — Me perdoe. Você me proibiu, mas eu o desobedeci. Na verdade, sua proibição aguçou minha curiosidade. Essa é a primeira vez que converso com aquela gente perigosa. Só fiz uma pergunta: "Aonde você vai?" e ele começou a dizer umas coisas estranhas: "Não existe ir nem vir... Quem vem? Quem vai? Sou o vazio absoluto", ele disse, "sou uma folha morta. E aonde quer que o vento me leve..."

O mestre disse: — Eu disse a você! Agora, amanhã fique no mesmo lugar e, quando ele passar, pergunte a ele novamente: "Aonde está indo?" Quando ele disser essas coisas, você diz simplesmente: "É verdade. Você é uma folha morta, assim como eu. Mas, quando o vento não está soprando, para onde você vai? Aonde pode ir?" Só diga isso, e ele ficará embaraçado, tem de ficar embaraçado, tem de ficar frustrado. Estamos sempre discutindo e essa gente nunca conseguiu nos vencer em nenhum debate. Então amanhã não será diferente!

O garoto acordou cedo, decorou sua resposta, repetiu-a muitas vezes antes de sair. Então ficou esperando no local onde o outro atravessaria a rua, repetindo mentalmente a resposta, ensaiando, até avistar o garoto se aproximando. Então disse: — Agora veremos!

O menino chegou mais perto e o outro perguntou: — Aonde está indo? —, com esperança de que agora ele teria sua chance...

Mas o rapazinho disse: — Aonde quer que as pernas me levem... — Não mencionou nenhum vento, não falou do vazio, nem da questão do não-fazer... E agora, o que ele faria? A resposta que decorara não ia fazer sentido. Não podia falar sobre o vento. Desacorçoado, com vergonha por ser tão burro, ele pensou: "Esse menino de fato sabe umas coisas estranhas. Agora ele disse: 'Aonde quer que as minhas pernas me levem.'"

SEJA ESPONTÂNEO                    *153*

Então ele voltou a procurar o mestre. Este respondeu: — Eu disse para não falar com essa gente! Eles são perigosos, faz séculos que sabemos disso. Mas agora é preciso fazer alguma coisa. Amanhã, você pergunta novamente: "Aonde está indo?" e, quando ele disser: "Aonde quer que as minhas pernas me levem", diga a ele: "Se você não tem pernas, então... ?" É preciso fazê-lo calar a boca de um jeito ou de outro.

Então, no dia seguinte, o menino perguntou outra vez aonde o outro ia e esperou a resposta.

O outro disse: — Estou indo ao mercado buscar hortaliças.

As pessoas costumam viver com base no passado — e a vida continua em constante mudança. A vida não tem obrigação nenhuma de confirmar suas conclusões. É por isso que ela é tão confusa — confusa para a pessoa instruída. Ele já tem todas as respostas prontas, o Bhagavad Gita, o Alcorão, a Bíblia, os Vedas. Já se abarrotou de tudo isso, sabe todas as respostas. Mas a vida nunca levanta as mesmas questões; por isso a pessoa instruída nunca acerta o alvo.

# CAPÍTULO 11

# SEJA DECIDIDO

A mente nunca é decidida. Não que a mente de uma pessoa seja decidida e a de outra não seja; a mente é pura indecisão. O funcionamento da mente oscila entre dois pólos opostos, tentando descobrir qual é o lado certo. É como tentar achar a porta de olhos fechados. Você com certeza não vai saber para que lado ir — vou para cá ou para lá? Você vai ter sempre duas alternativas. Essa é a natureza da mente.

Soren Kierkegaard foi um grande filósofo dinamarquês. Ele escreveu um livro, *Isto ou Aquilo*. Trata-se da sua própria experiência de vida — ele nunca conseguia decidir nada! Era como se, ao se decidir por *um* caminho, o *outro* caminho sempre começasse a parecer o certo. Se ele se decidisse pelo *outro*, o *primeiro* pareceria o mais correto. Ele nunca se casou, embora uma mulher o tivesse amado profundamente e quisesse se casar com ele. Mas ele disse: — Tenho de pensar sobre isso, casamento é coisa séria, não posso responder de imediato. — E ele morreu com essa dúvida, sem nunca ter se casado.

Kierkegaard viveu por muitos anos, talvez uns setenta, e passou a vida toda argumentando, debatendo, sem nunca encontrar a resposta que pudesse ser considerada definitiva, que não tivesse um oposto.

## SEJA DECIDIDO

Ele jamais se tornou professor. Preencheu o formulário de emprego, pois tinha as melhores qualificações possíveis — havia escrito muitos livros, todos tão importantes que, um século depois, ainda eram considerados contemporâneos, sem idade. Ele preencheu o formulário, mas não conseguiu assiná-lo — por causa do "isto ou aquilo"... passaria a fazer parte da universidade ou não? O formulário foi encontrado depois que ele morreu, no pequeno cômodo onde morou.

Ele parava nos cruzamentos para decidir se iria para a direita ou para a esquerda, por horas...! Copenhague inteira conhecia o caráter estranho desse homem, e as crianças o apelidaram de "Isto ou Aquilo". Costumavam segui-lo, gritando: "Isto ou Aquilo", aonde quer que ele fosse. Vendo a situação, antes de morrer o pai dele vendeu todos os seus bens, juntou o dinheiro e depositou numa conta bancária, de modo que o filho pudesse receber, no primeiro dia de cada mês, uma certa quantia em dinheiro. Assim, pelo menos ele teria com que viver... e você vai ficar surpreso: no dia em que ele estava indo para casa, depois de sacar da conta, no primeiro dia do mês, a última parcela do dinheiro — o dinheiro havia acabado —, ele caiu morto na rua. Depois de sacar a última parcela! Essa era a coisa certa a fazer. O que mais seria possível? — porque, depois daquele mês, como ele sobreviveria?

Ele escrevia livros, mas não decidira se queria ou não publicá-los; não publicou nenhum. E todos eram de um valor inestimável. Cada um deles trazia estudos profundos sobre um assunto. Uma vez escolhido o tema, ele ia fundo, até o último detalhe... um gênio, mas um gênio mental.

Com a mente, é esse o problema — e quanto mais aguçada ela é, maior é o problema. Mentes menos dotadas não passam com tanta freqüência por problemas como esse. É a mente dos gênios que oscila entre duas polaridades e não consegue se decidir. E então a pessoa fica num limbo.

O que estou tentando dizer é que ficar no limbo é algo que faz parte da natureza da mente. Ficar entre duas polaridades faz parte da natureza da mente. A menos que você se afaste dela e passe a ser uma testemunha de todos os jogos mentais, você nunca conseguirá ser decidido. Mesmo que às vezes tome uma decisão — apesar da mente —, você acaba se arrependendo, pois a alternativa que não escolheu passa a assombrá-lo: talvez ela fosse a certa e a que você escolheu, errada. E agora não há como saber. Talvez a alternativa que você deixou de lado fosse a melhor. Mas, mesmo que a escolhesse, a situação não seria diferente. Pois, a outra, que você não escolheu, passaria a martirizá-lo.

A mente é, basicamente, o princípio da loucura. Se você entra demais dentro dela, ela acaba levando-o à loucura.

Na minha aldeia, eu morava de frente para um ourives. Eu costumava me sentar na frente da casa dele e percebi que ele tinha um hábito curioso: trancava sua loja e então puxava o cadeado duas ou três vezes para ver se estava bem fechado. Um dia, eu estava voltando do rio quando o vi fechando a loja e indo para casa. Então eu disse: — Mas você não verificou se o cadeado está fechado!

Ele disse: — O quê?

Eu disse: — Você não verificou o cadeado! — Mas eu sabia que ele o verificara. Eu o vira puxando o cadeado três vezes, mas deixei-o com a pulga atrás da orelha, e a mente está sempre de prontidão...

Então ele me disse: — Talvez eu tenha esquecido... Tenho de voltar. — Ele voltou e verificou o cadeado novamente. Aquilo passou a ser meu divertimento: sempre que ele saía... no mercado podia estar comprando verduras e eu ia até ele e dizia: — Mas o que está fazendo aqui? Você não verificou o cadeado!

Ele largava as verduras e dizia: — Vou voltar; primeiro tenho de ir e verificar o cadeado. — Até mesmo na estação de trem; ele estava comprando uma passagem para algum lugar e eu chegava e dizia: — Mas o que está fazendo? O cadeado!

## SEJA DECIDIDO

Então ele dizia: — Meu Deus, será que não verifiquei?

Eu dizia: — Não!

E ele comentava: — Agora não posso mais tomar o trem... — Ele devolvia a passagem, ia para casa e verificava o cadeado. Mas aí já era tarde demais para voltar à estação... o trem já partira. E ele confiava em mim porque eu estava sempre sentado em frente à casa dele.

Aos poucos todo mundo ficou sabendo da mania do ourives e, onde quer que ele fosse, as pessoas diziam: — Onde está indo? Verificou o cadeado?

Ele acabou ficando bravo comigo. E disse: — Você deve ter espalhado por aí, porque aonde quer que eu vá todo mundo só fala do cadeado...

Eu respondi: — Então não dê ouvidos a eles. Deixe que digam o que quiserem...

Mas ele respondeu: — Como assim, não dar ouvidos a eles?! Se estiverem certos, estou perdido para sempre. Não posso me descuidar. Mesmo que eu saiba que o homem pode estar mentindo, eu tenho de voltar compulsivamente para verificar o cadeado. Sei que já devo ter verificado, mas como posso ter certeza?

A mente nunca tem certeza de nada.

Se você está entre as duas polaridades da mente, num limbo — sempre fazer ou não fazer—, você vai ficar maluco. Você *é* maluco! Antes que aconteça, livre-se disso e dê uma olhada a partir do lado de fora da mente.

Tome consciência dela — do seu lado brilhante, do seu lado escuro, do seu certo, do seu errado. Qualquer que seja a polaridade, simplesmente tome consciência dela. Duas coisas lhe ocorrerão a partir dessa consciência: primeiro, você não é a mente; segundo, a consciência tem um poder de decisão que a mente nunca tem.

A mente é, basicamente, indecisa e a consciência é, basicamente, decidida. Portanto, qualquer ato que seja fruto da consciência é total, pleno, sem arrependimentos.

Nunca na minha vida eu me arrependi de alguma coisa, mesmo que outra coisa acabasse provando ser melhor. Eu nunca me arrependo. Nunca acho que cometi um erro, pois não resta ninguém dentro de mim para dizer esse tipo de coisa. Eu sempre ajo de acordo com a minha consciência — esse é todo o meu ser. Agora, aconteça o que acontecer, isso é tudo o que é possível. O mundo pode chamar isso de certo ou errado, isso é da conta dele, mas não é problema meu.

Portanto, a consciência vai tirar você do limbo. Em vez de ficar suspenso entre essas duas polaridades da mente, você vai saltar para além de ambas e poderá ver que essas polaridades só são polaridades se você estiver na mente. Se estiver fora dela, você ficará surpreso ao perceber que elas são os dois lados da mesma moeda — não há nada que decidir.

Com a consciência você tem lucidez, totalidade, entrega — a vida decide dentro de você. Você não tem que decidir o que é certo ou errado. A vida o toma pela mão e você avança sem medo. Esse é o único jeito, é o jeito certo. E é o único jeito de você manter a sanidade; do contrário continuará confuso.

Soren Kierkegaard é uma mente extraordinária, mas por ser cristão não tinha nenhuma noção de consciência. Ele podia pensar, e pensava muito, mas não conseguia ficar simplesmente em silêncio e observar. Esse pobre sujeito nunca tinha ouvido nada sobre observação, testemunho, consciência. Pensar era tudo sobre o qual ele ouvia, e dedicou todo seu gênio a essa tarefa. Ele criou grandes obras, mas não conseguiu criar uma vida muito boa para si mesmo. Teve uma vida absolutamente miserável.

## CAPÍTULO 12

# CONCLUA CADA MOMENTO

or que é preciso sonhar? Você queria matar uma pessoa, mas não matou — você a matará em seu sonho. Isso fará sua mente relaxar. De manhã, você se sentirá renovado — você a matou. Não estou dizendo que você foi lá e matou, porque assim não precisaria de sonho nenhum! Mas lembre-se disso: se quiser matar alguém, feche a porta do quarto, medite sobre isso e, conscientemente, mate essa pessoa. Quando digo "mate-a", estou dizendo para matar um travesseiro; faça uma efígie e mate-a. Esse esforço consciente, essa meditação consciente, fará com que você descubra muito sobre si mesmo.

Lembre-se de uma coisa: faça com que todo instante seja completo. Viva cada momento como se fosse o último. Só assim você o concluirá. Saiba que a morte pode chegar a qualquer instante. Este pode ser o último. Pense assim: "Se tenho de fazer alguma coisa, que seja aqui e agora, *completamente!*

Ouvi a história de um general grego. O rei, por algum motivo, ficou contra esse homem. Fizeram uma conspiração contra ele. Era exatamente o dia do seu aniversário e ele o celebrava com amigos. De repente, à tarde, o mensageiro do rei veio e disse ao general: — Sinto

160                    CONSCIÊNCIA

muito dizer que o rei decidiu que esta noite, às seis horas, você será enforcado. Portanto, esteja pronto às seis horas.

Os amigos estavam ali, a música tocava. Estavam todos bebendo, comendo, dançando. Era aniversário dele. Mas a mensagem do rei mudou toda a atmosfera do lugar. Todos ficaram tristes. Mas o general disse: — Não fiquem tristes, pois esta será a última parte da minha vida. Portanto, vamos concluir a dança que dançávamos e o banquete que saboreávamos. Não tenho nenhuma chance agora, portanto, não terei como concluí-los no futuro. E não me deixem nessa atmosfera triste; do contrário, minha mente ansiará o tempo todo pela vida, e a música interrompida e a festa inacabada se tornarão um peso em minha mente. Por isso, vamos concluí-los. Não é hora de parar.

Para agradá-lo eles continuaram, mas foi difícil. Apenas ele dançou com mais entusiasmo; apenas ele mostrou mais alegria — mas todo o grupo simplesmente deixou de aproveitar a festa. A mulher dele soluçava e ele continuava a dançar, continuava a conversar com os amigos. E mostrou-se tão feliz que o mensageiro procurou o rei e disse: — O general é um homem como poucos. Ouviu a mensagem e não ficou triste. Recebeu-a de um jeito completamente diferente, absolutamente incompreensível. Ele está rindo e dançando, continua muito alegre, e diz que, como estes são seus últimos momentos e não há mais futuro para ele, não pode desperdiçá-los, tem de vivê-los.

O rei foi pessoalmente ver o que estava acontecendo. Todo mundo estava triste, chorando. Só o general dançava, bebia e cantava. O rei perguntou: — O que está fazendo?

O general respondeu: — Esse sempre foi o princípio que norteou a minha vida: ter sempre a consciência de que a morte pode chegar a qualquer momento. Por isso tenho feito o possível para aproveitar cada momento ao máximo. Mas evidentemente o senhor fez com que isso ficasse bem claro para mim hoje. Sou grato porque, até agora, eu só pensava que a morte poderia chegar a qualquer momento. Era só

CONCLUA CADA MOMENTO

um pensamento. Em algum lugar, lá no fundo, havia o pensamento de que ela não chegaria tão já. O futuro me aguardava. Mas o senhor o tirou de mim. Esta noite será a última. A vida agora é muito curta, não posso adiá-la.

O rei ficou tão feliz que se tornou um discípulo desse homem. E disse: — Ensine-me. Essa é a alquimia. É assim que a vida tem de ser; essa é a arte de viver. Não vou enforcar você, pois quero que seja meu professor. Ensine-me a viver no presente.

Nós estamos sempre adiando. Esse adiamento vira um diálogo interior, um monólogo interior. Não adie mais. Viva aqui e agora. E quanto mais viver no presente, menos você precisará dessa "mentalização" constante, desse pensamento constante. Menos precisará dele! Ele só existe por causa desse adiamento e nós continuamos adiando tudo. Vivemos sempre no amanhã, que nunca chega e que não pode chegar; é impossível. É sempre o presente que chega, e continuamos sacrificando o hoje em favor do amanhã, que não está em lugar nenhum. Então a mente continua a pensar no passado, que você destruiu, que você sacrificou por algo que não chegou. E o presente continua sendo adiado em favor de mais amanhãs.

Isso que perdeu, você continua a achar que recuperará em algum lugar no futuro. Você não vai recuperá-lo! Essa tensão constante entre passado e futuro, essa perda constante do presente, é a agitação interior. A menos que ela cesse, você não vai conseguir ficar em silêncio. Então a primeira coisa é tentar ser total o tempo todo.

Segunda coisa: sua mente é tão barulhenta porque você continua pensando que os outros é que causam essa agitação interior, que você não é o responsável. Então você acha que num mundo melhor — com uma mulher melhor, um marido melhor, filhos melhores, uma casa me-

# 162 CONSCIÊNCIA

lhor, num lugar melhor —, tudo seria maravilhoso e você ficaria em silêncio. Você acha que não está em silêncio porque tudo à sua volta está errado, então como você poderia estar?

Se você pensa assim, se essa é a sua lógica, então esse mundo melhor nunca vai chegar. Em todo lugar o mundo será igual, em todo lugar os vizinhos serão iguais e, em todo lugar, as esposas serão iguais, os maridos serão iguais e os filhos serão iguais. Você pode criar a ilusão de que, em algum lugar, exista um céu, mas todo lugar será o inferno. Com esse tipo de mente, tudo será um inferno. Essa *mente* é um inferno.

Um dia Mulla Nasruddin e sua mulher chegaram em casa, tarde da noite. A casa deles tinha sido assaltada e, então, a mulher dele começou a gritar e a chorar. Ela disse para Mulla: — Você é o culpado! Por que não viu se a porta estava trancada antes de sairmos?

Mas, nessa altura, toda a vizinhança já viera ver o que acontecera. Foi um frenesi, a casa de Mulla tinha sido assaltada! Todo mundo só dizia a mesma coisa. Um vizinho comentou: — Eu estou sempre de sobreaviso. Por que vocês não foram mais cautelosos? São tão desatentos! — Outro homem disse: — Suas janelas estavam abertas. Por que não as fecharam antes de sair? — Um outro advertiu-os: — Parece que a fechadura de vocês estava com defeito. Por que não puseram outra? — E todo mundo apontava os erros de Mulla Nasruddin.

Então ele disse: — Um minuto, por favor! Eu não sou o culpado!

E aí toda a vizinhança disse em coro: — Se você não é o culpado, então quem é?

Mulla respondeu: — O que dizer do ladrão?

A mente continua a jogar a culpa nos outros. A esposa joga a culpa em Mulla Nasruddin, toda a vizinhança joga a culpa em Mulla Nasruddin, e o pobre homem não pode jogá-la em mais ninguém, por isso ele diz: — O que dizer do ladrão?

## CONCLUA CADA MOMENTO

Nós continuamos a jogar a culpa nos outros, o que nos inspira o sentimento ilusório de que não estamos errados. É um outro qualquer que está errado — X- Y- Z. E essa é uma das atitudes básicas da mente. Sempre existe um culpado para tudo, e ficamos tranqüilos quando conseguimos encontrar um bode expiatório; assim nossa consciência não fica pesada.

Para o buscador, a mente não serve para nada; ela é um obstáculo. Essa mente é um verdadeiro estorvo. É preciso perceber que, seja qual for a situação, se ela aconteceu a você, o único responsável é *você* mesmo e ninguém mais. Se você for o responsável, então será possível fazer alguma coisa a respeito. Se o responsável for outra pessoa, não será possível fazer nada.

Esse é o conflito básico entre a mente religiosa e a mente não-religiosa. Essa última sempre acha que a responsabilidade é dos outros — basta mudar a sociedade, mudar as circunstâncias, mudar as condições econômicas, mudar a situação política, mudar *qualquer coisa que seja*, para que tudo fique bem. Mas já mudamos tudo tantas vezes e nada ficou bem. A mente religiosa diz que, seja qual for a situação, se pensa dessa forma, você viverá num inferno, sua vida será um tormento. Você nunca será capaz de ficar em silêncio.

Assuma toda a responsabilidade. Responsabilize-se para que você possa fazer alguma coisa para mudar a situação. Você só poderá fazer algo consigo mesmo, nunca poderá mudar ninguém neste mundo; você só pode mudar a si mesmo. Essa é a única revolução possível. Só é possível transformar a si mesmo. Mas só levamos isso em consideração quando sentimos que somos responsáveis.

CAPÍTULO 13

# PARE DE TENTAR SER BOM

O único pecado que existe é a inconsciência e a única virtude é a consciência. A consciência não seria uma virtude se a inconsciência não fosse um pecado. E a inconsciência só é um pecado porque a consciência é uma virtude. É impossível assassinar alguém se você está consciente; é absolutamente impossível ser violento — se você está consciente. É impossível violentar, roubar, torturar — tudo isso é meramente impossível se existe consciência. É só quando a inconsciência prevalece que, nas trevas da inconsciência, todo tipo de inimigo invade você.

Buda disse: — Se a luz estiver acesa na sua casa, os ladrões a evitarão; e se o vigia estiver alerta, os ladrões nem sequer tentarão invadi-la. E se as pessoas estiverem andando e conversando ali dentro e a casa ainda não estiver mergulhada no sono, não haverá nenhuma possibilidade de os ladrões entrarem ou mesmo pensarem em fazer isso.

Com você acontece exatamente o mesmo: você é uma casa às escuras. O homem comum vive num estado mecânico: o de *homo mechanicus*. Você só é humano no nome — tirando isso, você é apenas uma máquina educada e eficiente, e qualquer coisa que faça acabará dando errado. E, lembre-se, estou dizendo *qualquer coisa* que faça — mesmo

PARE DE TENTAR SER BOM

as suas virtudes não serão virtudes se você não estiver consciente. Como você pode ser virtuoso se não está consciente? Por trás da sua virtude se esconde um grande, um enorme ego — isso é mais do que certo.

Mesmo a sua santidade, praticada, cultivada com grande afinco e diligência, é fútil. Porque ela não traz em si simplicidade, não traz em si humildade, nem traz em si aquela grande experiência do divino que só acontece quando o ego não existe mais. Você viverá uma vida respeitável como santo, mas ela será tão pobre quanto a de qualquer pessoa — no fundo será uma vida cheia de podridão, uma existência destituída de sentido. Você não viverá de fato, apenas vegetará. Seus pecados serão pecados, mas suas virtudes também serão pecados. Sua imoralidade será imoral, mas a sua moral também será imoral.

Eu não ensino ninguém a ter moral, nem ensino a ter virtudes — porque sei que, sem consciência, a moral e as virtudes são apenas pretensões, pura hipocrisia. Fazem de você um impostor. Elas não libertam você, não podem libertá-lo. Pelo contrário; elas o aprisionam.

Só é preciso saber uma coisa: a consciência é uma chave-mestra. Ela abre todas as fechaduras da existência. Consciência significa que você vive um momento de cada vez, sempre alerta, consciente de si mesmo e de tudo o que acontece ao seu redor, respondendo de acordo com cada circunstância. Você é como um espelho, você reflete — e reflete com tal perfeição que esse reflexo faz com que qualquer ato suscitado seja correto, pois se ajusta à situação e está em harmonia com a existência. Ele não se origina realmente em *você* — não é você o seu *executor*. Ele é suscitado por todo o contexto — a situação, você e tudo o mais estão envolvidos nesse ato. É essa totalidade que o suscita — não se trata de uma atitude sua, não foi você que decidiu agir dessa maneira. Não se trata de uma decisão sua, nem de um pensamento seu, nem do seu caráter. Não é você quem o executa; você só deixa que ele aconteça.

É como se você estivesse caminhando bem cedo, pela manhã, antes de o sol nascer, e se deparasse com uma cobra — não há tempo para pensar. Você só tem tempo de refletir como um espelho — não há tempo para decidir o que fazer ou deixar de fazer —, você imediatamente dá um salto para trás! Repare na palavra *imediatamente* — você não perde sequer um segundo; imediatamente sai do caminho da cobra. Mais tarde você pode sentar sob uma árvore e pensar a respeito, no que aconteceu, no que fez e, então, vangloriar-se pela sua presença de espírito. Mas, na realidade, não foi você quem fez alguma coisa — tudo simplesmente aconteceu. Aconteceu por causa de todo o contexto. Você, a cobra, o risco de vida, o instinto de sobrevivência... e muitas outras coisas estão envolvidas nesse ato. Ele foi gerado por toda a situação. Você foi apenas o agente.

Agora, esse ato *casou* com o momento. Não foi você quem o executou. Em termos religiosos, você pode dizer que Deus agiu por seu intermédio. Essa é uma forma religiosa de se expressar, simplesmente isso. O todo agiu por meio da parte.

Isso é virtude. Você nunca se arrependerá desse ato. E, nesse caso, trata-se realmente de um ato libertador. Uma vez que aconteceu, acabou. Você é novamente livre para agir; não continuará a matutar sobre ele. Ele não se tornará parte da sua memória psicológica; não deixará nenhuma ferida em você. Foi tão espontâneo que não deixará nenhuma marca. Esse ato nunca se tornará um *karma*. Ele nunca deixará em você nenhum arranhão. O ato que se torna um *karma* é aquele que não é absolutamente um ato, mas uma reação — ele vem do passado, da memória, do pensamento. É você quem está decidindo, quem está fazendo uma escolha. Ele não é fruto da consciência, mas da inconsciência. Então ele não passa de um pecado.

* * *

Toda a minha mensagem se resume no seguinte: você precisa de uma consciência, não de um caráter. A consciência é a coisa real, o caráter é uma entidade falsa. Só precisam ter caráter aqueles que não têm

PARE DE TENTAR SER BOM 167

consciência. Se você tem olhos, não precisa de uma bengala para encontrar o caminho, para tatear tudo ao redor. Se você enxerga, não precisa perguntar aos outros onde está a porta.

O caráter só é necessário porque as pessoas estão inconscientes. Ele é só um lubrificante; ajuda você a viver sua vida com mais suavidade. George Gurdjieff costumava dizer que o caráter é como um amortecedor. Os amortecedores são usados nos trens, entre os vagões. Se algo acontece, os amortecedores impedem que um vagão bata no outro. Ou é como as molas de um carro, que fazem com que ele possa rodar suavemente. As molas absorvem os impactos; elas são chamadas de redutoras de impacto. Eis o que é o caráter: um redutor de impacto.

Dizem que precisamos ser humildes. Se você aprender a ser humilde, essa humildade servirá como um redutor de impacto — aprendendo a ser humilde, você será capaz de se proteger contra o ego das pessoas. Elas não o ferirão tanto, pois você é um homem humilde. Se for egoísta, é bem provável que elas vivam magoando você — o ego é muito sensível —, por isso você o recobre com uma capa de proteção chamada humildade. Isso ajuda, proporciona a você uma espécie de amortecedor. Mas não transforma você.

Meu trabalho consiste em transformação. Esta é uma escola de alquimia; eu quero que você seja transformado; passe da inconsciência para a consciência, das trevas para a luz. Não quero dar a você um caráter; só quero lhe dar introvisão, consciência. Eu gostaria que você vivesse um momento de cada vez, não de acordo com um padrão estabelecido por mim ou pela sociedade, pela Igreja ou pelo Estado. Eu gostaria que você vivesse de acordo com o seu próprio lampejo de percepção consciente, de acordo com a sua própria consciência.

Esteja pronto para agir de acordo com o momento. Caráter significa que você tem uma resposta pronta para todas as questões da vida, de modo que, não importa a situação em que esteja, você sempre responde

168 CONSCIÊNCIA

de acordo com um padrão determinado. Como você responde de acordo com uma resposta pronta, não se trata de uma resposta verdadeira, mas de uma reação apenas. O homem de caráter reage, o homem de consciência responde: ele observa a situação, reflete a realidade como ela é e age de acordo com esse reflexo. O homem de caráter reage, o homem de consciência age. O homem de caráter é mecânico; vive como um robô. Ele tem um computador na cabeça, cheio de informações; pergunte qualquer coisa a ele e uma resposta pronta sairá do computador.

O homem de consciência simplesmente age de acordo com o momento, não de acordo com o passado ou com a memória. Sua resposta é cheia de beleza, de naturalidade, além de ser fiel à situação. O homem de caráter sempre acaba falhando; pois a vida muda continuamente, nunca é a mesma. E as respostas dele são sempre as mesmas, elas nunca se aperfeiçoam — não podem se aperfeiçoar, pois estão mortas.

Na sua infância, alguém lhe disse alguma coisa e isso ficou na sua cabeça. Você cresceu, a vida mudou, mas a resposta que seus pais, seus professores ou os padres lhe deram continua viva dentro de você. E, se algo acontecer, você se comportará de acordo com essa resposta que lhe deram 50 anos atrás. E, nesses 50 anos, quanta água já correu rio abaixo! É uma vida totalmente diferente.

Heráclito disse: Você não pode entrar duas vezes no mesmo rio. E eu digo: Você não pode entrar nem sequer uma vez no mesmo rio, pois ele flui rápido demais.

O caráter é uma coisa estagnada; é uma poça de água suja. A consciência é um rio.

É por isso que eu não dou ao meu pessoal nenhum código de conduta. Eu lhe dou olhos para ver, consciência para refletir, um ser semelhante a um espelho, capaz de responder a qualquer situação que surja. Eu não lhe dou informações detalhadas acerca do que fazer ou deixar de fazer; não lhe dou dez mandamentos. Se você começar a dar manda-

PARE DE TENTAR SER BOM 169

mentos às pessoas, não conseguirá se ater a dez, pois a vida é muito mais complexa do que isso.

Nas escrituras budistas, são apresentadas 33 mil regras para o monge budista. Trinta e três mil regras! Para cada situação que possa um dia ocorrer, eles têm uma resposta pronta. Mas como você vai se lembrar de 33 mil regras de conduta? E o homem que é esperto o suficiente para se lembrar de 33 mil regras de conduta também será esperto o suficiente para encontrar um meio de burlar cada uma delas; se ele não quiser fazer determinada coisa, encontrará um jeito de não fazer. Se ele quiser fazer uma determinada coisa, encontrará um jeito de fazê-la.

Eu ouvi falar de um santo cristão: alguém bateu em seu rosto porque, justo nesse dia, em um de seus sermões matinais, ele disse que, segundo Jesus, se alguém o ferir numa face, você deve oferecer a outra. — E o homem quis experimentar, por isso deu um tapa no santo, com toda a força. E este realmente fez o que dizia: ofereceu-lhe a outra face. Mas o homem também fez algo: deu-lhe outro tapa, mais forte ainda. Então ficou surpreso: o santo pulou sobre ele e começou a lhe dar uma verdadeira surra. O homem então disse: — O que você está fazendo? Você é um santo, e nesta mesma manhã você disse que, se alguém me ferisse numa face, eu deveria oferecer a outra!

O santo retrucou: — Sim, eu disse, mas eu não tenho três faces. E Jesus parou aí. Agora estou livre para agir; farei o que eu quiser. Jesus não acrescentou nada a respeito.

Aconteceu exatamente como na vida de Jesus. Depois que ele disse ao seu discípulo: — Perdoe sete vezes — o discípulo respondeu que perdoaria. A forma como o discípulo disse que perdoaria fez com que Jesus suspeitasse; então ele disse: — Setenta e sete vezes, eu disse.

O discípulo ficou meio incomodado, mas disse: — Eu perdôo, pois os números não acabam no 77. O que dizer do 78? Depois das 77 vezes, eu estarei livre para fazer o que quiser!

## CONSCIÊNCIA

Quantas regras você pode impor às pessoas? Isso é estupidez, não faz nenhum sentido. É por isso que as pessoas são religiosas e ao mesmo tempo não são: elas sempre encontram um jeito de burlar suas leis de conduta e seus mandamentos. Elas sempre encontram um meio de escapar pela porta dos fundos. E o caráter pode, no máximo, dar a você uma pseudomáscara, que não chega a ser nem mesmo uma máscara: basta arranhar a superfície dos seus santos para encontrar um animal oculto por trás dele. Na superfície, eles parecem maravilhosos, mas só na superfície.

Eu não quero que você seja superficial; quero que mude *de verdade*. Mas a mudança verdadeira só acontece por meio do centro do seu ser, não da circunferência. O caráter é a pintura da circunferência, a consciência é a transformação do centro.

\* \* \*

No momento em que você começa a ver as suas falhas, elas começam a cair como folhas mortas. Depois disso não é preciso fazer mais nada. Vê-las já é suficiente. Ter consciência das suas falhas é tudo de que você precisa. Nessa consciência, elas começam a se desvanecer; elas evaporam.

A pessoa só continua a cometer o mesmo erro se não toma consciência dele. A inconsciência é um imperativo para que se continue a cometer os mesmos erros e, mesmo que você tente mudar, continuará a cometer o mesmo erro de alguma outra forma. Ele virá de todas as formas e tamanhos! Você o trocará por outro, o substituirá, mas não conseguirá se livrar dele, pois lá no fundo não vê que se trata de um erro. Os outros poderão estar dizendo isso a você, pois eles conseguem ver...

É por isso que todo mundo se considera tão maravilhoso, tão inteligente, tão bom, tão cheio de virtudes — embora ninguém ache o mesmo! A razão é simples: você olha para as outras pessoas e vê a realidade delas, mas, com respeito a si mesmo, você acredita em ficções, lindas ficções. Tudo o que você sabe acerca de si mesmo é praticamente um mito; não tem nada a ver com a realidade.

No momento em que a pessoa vê as próprias faltas, uma mudança radical acontece. Por isso que todos os budas ao longo das eras têm ensinado a mesma coisa — consciência. Eles não ensinam você a ter caráter — caráter é algo que os padres, os políticos ensinam, mas não os budas. Os budas ensinam você a ter consciência, mas não essa consciência mundana que lhe diz se o que você está fazendo é moralmente certo ou não.*

Esse tipo de consciência é uma peça que os outros pregam em você — os outros lhe dizem o que é certo e o que é errado. Eles o forçam a adotar as idéias deles e fazem o mesmo desde que você era uma criancinha. Quando você era tão inocente, tão vulnerável, tão delicado que era possível deixar qualquer tipo de impressão em você, eles o condicionaram — desde o comecinho. Esse condicionamento é essa tal "consciência", que continua a dominar você pelo resto da vida. Ela não passa de uma estratégia da sociedade para escravizar você.

Os budas ensinam sobre a consciência verdadeira. Essa consciência significa que você não aprende com os outros o que é certo ou errado. Não há necessidade de se aprender nada com os outros, basta se voltar para si mesmo. Basta uma viagem interior — quanto mais fundo você vai, mais consciência tem. Quando chega ao centro, você está tão cheio de luz que a escuridão se dissipa.

Quando acende a luz de um cômodo, você não precisa expulsar a escuridão para fora. A presença da luz já basta, pois a escuridão significa apenas ausência de luz. Assim como todas as suas insanidades, todas as suas loucuras.

---

* Neste trecho, Osho faz uma distinção entre as palavras *consciousness* e *conscience*, que em português se traduzem, ambas, como "consciência".

Um homem vestido de Adolf Hitler procurou um psiquiatra.

— Como você pode ver, não há nada de errado comigo — ele disse. — Eu tenho o melhor exército do mundo, mais dinheiro do que consigo gastar e todo o luxo que alguém poderia ter.

— Então qual é o seu problema? — perguntou o médico.

— Minha mulher — respondeu o homem. — Ela acha que é a sra. Weaver.

Não ria desse pobre homem. Ele não é ninguém mais do que você mesmo.

Um homem entrou na alfaiataria e viu alguém pendurado pelo braço, pendendo do teto.

— O que ele está fazendo ali? — perguntou ao alfaiate.

— Ah, não dê importância a ele — respondeu o alfaiate. — Ele acha que é uma lâmpada.

— Bem, então por que você não lhe diz que ele não é? — perguntou o cliente, surpreso.

— O quê? — replicou o alfaiate —, e trabalhar no escuro?

No momento em que percebe que é louco, você deixa de sê-lo. Esse é o único critério que define a sanidade. No momento em que sabe que é ignorante, você se torna um sábio.

O Oráculo de Delfos declarou Sócrates o homem mais sábio que existia sobre a terra. Algumas pessoas correram até ele e lhe disseram: — Rejubile-se! O Oráculo de Delfos apontou você como o homem mais sábio do mundo!

Sócrates respondeu: — Isso é tudo bobagem. Só sei que nada sei.

As pessoas ficaram intrigadas e confusas. Voltaram ao templo e disseram ao Oráculo: — Você disse que Sócrates era o homem mais sábio

PARE DE TENTAR SER BOM

do mundo, mas ele nega. Disse que, pelo contrário, ele é um total ignorante. Disse também que só sabe de uma coisa: que nada sabe.

O Oráculo riu e disse: — Foi por isso que eu o declarei o homem
mais sábio do mundo. Foi essa a razão; precisamente porque ele sabe
que é um ignorante.

As pessoas ignorantes acham que são sábias. As pessoas insanas
acham que são as mais sensatas.

E faz parte da natureza humana o costume de olhar para fora.
Olhamos para todo mundo exceto para nós mesmos; por isso sabemos
mais sobre os outros do que sobre nós mesmos. Não sabemos nada sobre nós mesmos. Não somos testemunhas de como nossa própria mente funciona, não estamos atentos ao que acontece interiormente.

Você precisa dar um giro de 180 graus — é nisso que consiste a
meditação. Você tem de fechar os olhos e começar a observar. No começo você só verá escuridão e nada mais. E muitas pessoas ficam apa-
voradas e fogem correndo, pois do lado de fora existe luz.

Certo, existe luz do lado de fora, mas essa luz não vai iluminar você, essa luz não vai ajudá-lo em nada. Você precisa da luz interior, uma
luz cuja fonte está no seu próprio ser, uma luz que não se extingue nem
com a morte, uma luz que é eterna. E você tem essa luz, o potencial está aí dentro de você! Você nasceu com ela, mas a deixa de lado; nunca
olha para ela.

Como, por séculos, por muitas vidas, você olhou para fora, isso se
tornou um hábito mecânico. Mesmo quando está dormindo, você olha
para os sonhos — os sonhos não passam de reflexos de fora. Quando fecha os olhos, você começa a devanear ou a pensar; isso significa que mais
uma vez você fica interessado nos outros. Esse passou a ser um hábito
tão crônico que não existem sequer pequenos intervalos, pequenas janelas em seu ser de onde você possa ter um lampejo de quem seja.

A princípio, trata-se um esforço violento, é penoso. Ele é difícil — mas não impossível. Se você tiver persistência, se encarar sua exploração interior com comprometimento, mais cedo ou mais tarde algo acontecerá. Você só tem de continuar cavando, tem de continuar lutando contra a escuridão. Logo você ultrapassará essa escuridão e entrará no reino da luz. E essa luz é a verdadeira luz, muito mais verdadeira do que a luz do sol ou da lua, pois todas as luzes que estão lá fora são passageiras; elas só existem por algum tempo. Mesmo o sol um dia se extinguirá. Não só as pequenas lamparinas esgotam seus recursos e se extinguem pela manhã; até mesmo o sol, com seus imensos recursos, morre um pouco a cada dia. Cedo ou tarde ele se tornará um buraco negro; morrerá e mais nenhuma luz se irradiará dele. Independentemente de quanto viva, o fato é que o sol não é eterno. A luz interior é eterna; ela não tem começo nem fim.

Não estou interessado em lhe dizer para que se livre das suas falhas, para que seja bom ou melhore o seu caráter — não, absolutamente. Não estou nem um pouco interessado no seu caráter; só estou interessado na sua consciência.

Fique mais alerta, mais consciente. Simplesmente mergulhe cada dia mais fundo dentro de si mesmo, até encontrar o centro do seu ser. Você está vivendo na periferia e, na periferia, tudo é sempre tumultuado. Quanto mais fundo você vai, mais profundo é o silêncio que prevalece. E, nessas experiências de silêncio, de luz, de alegria, sua vida começa a passar para uma dimensão diferente. Os erros, os enganos começam a ficar mais escassos.

Por isso não se preocupe com os erros, com os enganos e com as faltas. Preocupe-se só com uma coisa, com um único fenômeno. Coloque toda a sua energia nesse objetivo, e é assim que você ficará mais consciente, mais desperto. Se você puser toda a sua energia nisso, esse fenômeno vai acontecer, é inevitável. É seu direito por nascimento.

PARE DE TENTAR SER BOM 175

\* \* \*

A moral está relacionada a qualidades boas e ruins. O homem é bom — de acordo com a moral — quando é honesto, verdadeiro, autêntico, digno de confiança.

O homem de consciência não é apenas um homem bom, ele é muito mais do que isso. Para o homem bom, a bondade é tudo; para o homem de consciência, a bondade é mera conseqüência. No momento em que você fica consciente do seu ser, a bondade passa a acompanhá-lo como uma sombra. Qualquer esforço para ser bom deixa de ser necessário; a bondade passa a ser a sua natureza. Assim como as árvores são verdes, você é bom.

Mas o "homem bom" não está necessariamente consciente. Sua bondade é fruto de muito esforço, ele está lutando contra as más qualidades — mentir ou roubar, não ser digno de confiança, ser desonesto, violento. Tudo isso existe dentro do homem bom, mas é reprimido, e pode irromper a qualquer momento.

O homem bom pode se tornar um homem mau com muita facilidade, sem o mínimo esforço — porque todas essas qualidades negativas estão dentro dele, em estado dormente, reprimidas à base de muito esforço. Basta que ele deixe de se esforçar para que elas irrompam em sua vida. E as qualidades boas são só cultivadas, não são naturais. Ele tem de dar duro para ser honesto, sincero e não mentir — mas isso representa um esforço, é cansativo.

O homem bom é sempre sério, pois lá no fundo ele quer ser respeitado pela bondade que demonstra, quer ser recompensado. Seu maior anseio é ser uma pessoa respeitável. Aqueles que você chama de "santos" são, na maioria, apenas "homens bons".

Só existe um caminho para transcender o "homem bom" e ele se resume a trazer mais consciência para o seu ser. A consciência não é algo que se cultive; ela já existe, só precisa despertar. Quando você está to-

176          CONSCIÊNCIA

talmente desperto, tudo o que faz é bom e qualquer coisa que não faça é ruim.

O homem bom tem de fazer um esforço enorme para fazer o bem e evitar o mal; o mal é uma tentação constante para ele. Trata-se de uma escolha: a todo momento ele tem de optar pelo bem e não optar pelo mal. Por exemplo, um homem como Mahatma Gandhi — ele é um homem bom; esforçou-se a vida inteira para ficar do lado do bem. Mas, mesmo quando já estava com 70 anos, tinha sonhos eróticos e uma angústia imensa: — Nas horas da vigília, consigo me manter longe do sexo. Mas o que posso fazer durante o sono? Tudo o que eu reprimo durante o dia à noite vem à tona.

Isso mostra uma coisa: que a qualidade negativa não havia desaparecido; continuava lá, dentro dele, só aguardando o momento certo para vir à tona. No momento em que você relaxa, no momento em que deixa de se esforçar — e você tem ao menos que relaxar e parar de fazer qualquer esforço para dormir bem —, todas as qualidades negativas que você reprimiu começam a emergir por meio dos sonhos. Seus sonhos são seus desejos reprimidos.

O homem bom vive permanentemente em conflito. A vida dele não é alegre; ele não pode rir com vontade, não pode cantar, não pode dançar. Ele nunca pára de fazer julgamentos. Sua mente está tão cheia de condenações e julgamentos — e como está se esforçando para ser bom, ele julga os outros com base nos mesmos critérios. Ele não pode aceitar que você seja da forma que é; ele só poderá aceitá-lo se você cumprir suas exigências acerca de ser bom. E, como ele não consegue aceitar as pessoas da maneira que são, ele as condena. Todos os seus santos são cheios de condenações com relação a todo mundo; de acordo com eles, você e todo o resto da humanidade são pecadores.

Essas não são as qualidades de um autêntico homem de religião. O homem religioso autêntico não faz julgamentos nem condenações.

PARE DE TENTAR SER BOM

Ele só sabe uma coisa: que não existe ato bom nem ato ruim — a consciência é uma coisa boa e a inconsciência é uma coisa ruim. Você pode até fazer algo que, na inconsciência, pareça bom para todo mundo, mas não seja bom aos olhos do homem de religião. E você pode fazer algo ruim e ser condenado por todo mundo, *exceto* pelo homem de religião. Ele não pode condenar você — pois você está inconsciente; você precisa de compaixão, não de julgamento. Sem condenações — você não merece o inferno, ninguém merece o inferno.

Quando se chega ao ponto de absoluta consciência, não se trata mais de uma questão de escolha — você simplesmente só faz o que é bom. Faz isso inocentemente, sem pensar, sem ter de fazer nenhum esforço. Essa bondade é como uma sombra. Se você corre, a sombra também corre; se você pára, a sombra pára — mas não há nenhum esforço por parte da sombra.

O homem de consciência não pode ser considerado sinônimo de homem bom. Ele *é* bom — mas de uma forma diferente, de um ângulo diferente. Ele é bom não porque esteja *tentando* ser bom; ele é bom porque está consciente. E, na consciência, ruim, cruel, todas essas palavras condenatórias desaparecem como a escuridão desaparece na luz.

As religiões decidiram ficar só com as regras morais. Elas são códigos de ética; são úteis para a sociedade, mas não são úteis para você, para o indivíduo. Elas são conveniências criadas pela sociedade. É claro que, se todo mundo começar a roubar, a vida ficará simplesmente impossível; se todo mundo começar a mentir, a vida ficará impossível; se todo mundo começar a ser desonesto, não será possível viver. Por isso, no seu nível mais inferior, a moral é necessária para a sociedade; trata-se de uma utilidade pública, mas não é uma revolução religiosa.

Não se contente em apenas ser bom.

Lembre-se, você tem de chegar ao ponto em que nem precise pensar no que é bom ou ruim. Sua própria percepção consciente, sua pró-

178 CONSCIÊNCIA

pria consciência simplesmente o leva na direção do que é bom — não existe repressão nenhuma. Eu não diria que Mahatma Gandhi é um homem de consciência, ele é só um homem bom — ele de fato se esforçou ao máximo para ser bom. Não suspeito de suas intenções, mas ele era obcecado pela bondade.

O homem de consciência não é obcecado por nada; ele não tem nenhum tipo de obsessão. É simplesmente descontraído, calmo, tranqüilo, silencioso e sereno. Desse silêncio, qualquer coisa que aflore é bom. É sempre bom — ele vive numa consciência que não lhe dá outra escolha.

Portanto, vá além do conceito comum de homem bom. Você não será bom, nem será ruim. Você simplesmente ficará alerta, consciente, atento, e, daí em diante, faça o que você fizer, será bom. Em outras palavras, eu poderia dizer que, em sua consciência total, você conquista o atributo da santidade — e o bem é só uma conseqüência desse atributo.

As religiões lhe ensinam a ser bom, para que assim um dia você possa encontrar Deus. Isso não é possível — nenhum homem bom jamais chegou à santidade. Eu estou dizendo justamente o contrário: chegue à santidade e o bem brotará naturalmente. E, quando o bem brota naturalmente, ele é acompanhado de beleza, graça, simplicidade e humildade. Ele não espera nenhuma gratificação imediata ou futura. Ele é gratificante por si mesmo.

# PARTE IV

# Experiências de Observação

*As pessoas só prestam atenção nos outros; elas nunca se dão ao trabalho de observar a si mesmas. Todo mundo presta atenção — que é o modo mais superficial de observar — no que o outro está fazendo, no que ele está usando, na aparência que tem... Todo mundo observa; observar não é algo novo que você tenha de incorporar à sua vida. Só é preciso que essa observação seja mais profunda, menos preocupada com os outros e mais voltada para os seus próprios sentimentos, pensamentos e estados de ânimo — e, finalmente, para o próprio observador.*

*Um judeu e um padre viajavam de trem, sentados um de frente para o outro. — Diga-me, Reverendo — perguntou o judeu —, por que o senhor usa o colarinho ao contrário?*

*— Porque sou padre — respondeu o outro.*

*— Também sou e não uso o colarinho desse jeito — disse o judeu.*

*— Ah — retrucou o padre —, mas eu sou padre para as massas.*

*— Então — retrucou o judeu —, talvez sejam as calças que o senhor deva usar ao contrário.*

As pessoas são muito atentas quando se trata dos outros.

*Dois rapazes saíram para dar uma volta a pé; de repente começou a chover. — Rápido — disse um deles —, abra o guarda-chuva!*

*— Não vai adiantar — disse o amigo —, meu guarda-chuva está todo esburacado.*

*— Então por que você o trouxe?*

*— Não achei que fosse chover...*

*É muito fácil rir dos absurdos que as outras pessoas fazem, mas você já riu de si mesmo? Você já se pegou fazendo alguma coisa ridícula? Não, você nunca observou a si mesmo. Você só se preocupa em observar os outros, e isso é perda de tempo.*

CAPÍTULO 14

# ACERTE SEU RELÓGIO COM A ATEMPORALIDADE

Se colocar um relógio na sua frente e fixar os olhos no ponteiro dos minutos, você ficará surpreso — não conseguirá manter a atenção plena nem mesmo por um minuto inteiro. Talvez baste quinze segundos, vinte segundos, trinta no máximo para que você se distraia. Você se pegará pensando em outra coisa qualquer — e então se lembrará de que estava tentando ficar atento. Manter a consciência por um minuto que seja já é uma tarefa difícil, portanto, é preciso que se esteja ciente de que não se trata de uma brincadeira de criança. Quando estiver tentando ficar consciente dos pequenos detalhes da vida, você precisa lembrar que, por muitas vezes, se esquecerá do que se propôs a fazer. Seus pensamentos acabarão se desviando para alguma outra coisa. No momento em que se lembrar, não se sinta culpado — essa é uma das armadilhas.

Se começar a se sentir culpado, você não conseguirá voltar à consciência que estava praticando. Não há necessidade nenhuma de se sentir culpado; isso é natural. Não sinta arrependimento — isso é natural e acontece com qualquer buscador. Aceite esse fato como algo natural; do contrário você acabará arrependido, cheio de culpa por não conseguir ficar atento mesmo por alguns minutos e continuará se distraindo.

182 CONSCIÊNCIA

O mestre jainista Mahavira é o primeiro homem da História que de fato calculou que, se um homem conseguir ficar atento, consciente, por 48 minutos, isso já é o suficiente — ele se tornará um ser iluminado, ninguém poderá impedi-lo. Apenas 48 minutos — mas se 48 segundos já são uma dificuldade! São tantas as distrações...

Nenhuma culpa, nenhum arrependimento — no momento em que se lembrar de que esqueceu o que estava fazendo, simplesmente concentre novamente a sua atenção. Simplesmente volte a prestar atenção e comece tudo outra vez. Não chore pelo leite derramado, isso é estupidez.

Vai demorar um pouco, mas lentamente você se dará conta de que consegue continuar alerta cada vez por mais tempo, talvez por um minuto inteiro, talvez até dois. E é uma verdadeira alegria que você já consiga ficar consciente por dois minutos — mas não se deixe levar por essa alegria, achando que já conseguiu muita coisa. Isso acabará se tornando uma barreira. Esses são padrões que levam a pessoa a se perder — só porque conseguiu dar um passo, ela já pensa que chegou em casa.

Continue avançando lenta e pacientemente. Não há pressa — você tem a eternidade à sua disposição. Não tente se apressar — essa impaciência não ajudará em nada. A consciência não é como as flores da estação, que crescem num período de seis semanas e depois morrem. Ela é como os cedros-do-líbano, que levam centenas de anos para crescer, mas duram milhares de anos e chegam a cinqüenta, sessenta metros de altura.

A consciência cresce lentamente, mas nunca deixa de crescer. Só é preciso ter paciência.

À medida que a consciência se desenvolve, você começa a sentir muitas coisas que nunca tinha sentido antes. Por exemplo, você começa a sentir todas as tensões que carrega no corpo sem nunca ter percebido, pois se trata de tensões sutis. Agora sua consciência está ali, você consegue sentir essas tensões muito sutis, muito delicadas. Assim, sem-

ACERTE SEU RELÓGIO COM A ATEMPORALIDADE *183*

pre que sentir qualquer tensão no corpo, procure relaxar a região. Se todo o seu corpo estiver relaxado, sua consciência se desenvolverá mais rápido, pois as tensões representam obstáculos.

À medida que sua consciência se desenvolve cada vez mais, você fica surpreso ao descobrir que não sonha apenas durante o sono; existe uma corrente subterrânea de sonhos fluindo mesmo enquanto você está acordado. Ela flui logo abaixo da sua vigília — feche os olhos a qualquer instante e você poderá vê-la passando como uma nuvem no céu. Mas só quando você está um pouco mais consciente é que é possível perceber que a sua vigília não é uma vigília de verdade. O sonho está flutuando ali — as pessoas chamam isso de "sonhar acordado". Se elas relaxarem na poltrona por alguns instantes e fecharem os olhos, o sonho imediatamente assume o comando. Elas começam a pensar que se tornaram o presidente do país ou que estão fazendo coisas grandiosas — ou qualquer outra coisa, mesmo sabendo que aquilo com que estão sonhando é pura bobagem. Você não é o presidente, mas é como se o sonho tivesse vida própria e continuasse, queira você ou não. A consciência fará com que você se dê conta das camadas de sonhos que impregnam sua vigília. E elas então começam a se dispersar, assim como acontece quando você ilumina um cômodo escuro e põe fim à escuridão.

CAPÍTULO 15

# O TOQUE INVISÍVEL

Não importa o que você esteja fazendo — andando, vendo TV, comendo ou parado sem fazer nada, só respirando, descansando, deitado na grama relaxando — nunca se esqueça de que você é um observador.

Você se esquecerá disso muitas vezes. Desviará a atenção para outro pensamento, para algum sentimento ou emoção — algo o distrairá, fazendo com que se esqueça de que é o observador. Lembre-se, e volte imediatamente para o centro de observação.

Faça disso um processo interior, contínuo... Você ficará surpreso ao constatar como a vida passa a ser diferente. Eu posso mexer a mão sem sequer prestar atenção a esse movimento, mas também posso mexê-la observando atentamente o movimento todo. Esses dois movimentos são totalmente diferentes. O primeiro é robotizado, mecânico. O segundo é um movimento consciente. E, quando está consciente, você sente a mão a partir de dentro; quando não está consciente, você só conhece a mão a partir de fora.

Você só conheceu seu rosto depois que olhou num espelho, conheceu a partir de fora, pois você não é um observador. Se começar a observar, você sentirá seu rosto a partir de dentro — e essa é uma experiência e tanto, observar-se a partir de dentro. Então, lentamente, coisas estranhas

## O TOQUE INVISÍVEL

*185*

começarão a acontecer. Pensamentos se dissipam, sentimentos se desvanecem, emoções desaparecem, e só restará o silêncio à sua volta. Você será como uma ilha cercada pelo oceano do silêncio... só um observador, como uma chama de luz no centro do seu ser, irradiando-se de todo o seu ser.

A princípio, isso será apenas uma experiência interior. Devagar, você verá essa irradiação se espalhando pelo seu corpo e atingindo as outras pessoas. Você ficará surpreso e chocado ao perceber que as outras pessoas, se forem um pouco sensíveis, imediatamente se darão conta de que algo as tocou, algo invisível. Por exemplo, se estiver observando a si mesmo... Simplesmente ande na rua, atrás de alguém, observando a si mesmo, e é bem provável que essa pessoa se volte e olhe para trás sem nenhuma razão especial. Quando você observa a si mesmo, essa atenção começa a se irradiar e acaba contagiando a pessoa que está à sua frente. E, se for tocada por algo invisível, ela olhará para trás com um ar de indagação. E você estará a uma distância que não lhe permitiria tocá-la com a mão.

Você pode tentar fazer esse experimento: sente-se ao lado de alguém que esteja dormindo e simplesmente observe a si mesmo. A pessoa de repente acordará e abrirá os olhos, olhando ao redor como se alguém a tivesse tocado.

Aos poucos, você também conseguirá sentir o toque por meio dos raios. Isso é o que se costuma chamar de "vibração". Não é uma coisa não-existencial. A outra pessoa pode senti-la; você também sente que a tocou de algum modo.

A expressão "ser tocado" é muito significativa. Você pode usá-la sem mesmo saber o que ela significa, quando diz: Essa pessoa "me tocou". Ela pode não ter dito sequer uma palavra a você. Pode ter simplesmente passado ao seu lado. Pode ter apenas olhado uma vez nos seus olhos e ter se sentido "tocado" por ela. Não se trata apenas de uma palavra — isso realmente acontece. E então esses raios continuam se difundindo e tocando pessoas, animais, árvores, rochas... e um dia você verá, você terá tocado todo o universo a partir de dentro.

# CAPÍTULO 16

# VIPASSANA

O caminho de Buda era vipassana — vipassana significa testemunhar. E, para fazer isso, ele encontrou uma das melhores estratégias que já existiu: observar a própria respiração — somente observar a respiração. A respiração é um fenômeno muito simples e natural, que acontece 24 horas por dia. Você não precisa fazer nenhum esforço. Se repetir um mantra, então você terá de fazer um certo esforço, terá de se forçar a repeti-lo. Se disser: "Ram, Ram, Ram", você terá de fazer um esforço contínuo. E é inevitável que se esqueça muitas vezes de repeti-lo. Além do mais, a palavra "Ram" também é mental, e nada que seja mental pode levá-lo a transcender a mente.

Buda descobriu um ângulo totalmente diferente. Só observar a respiração — o ar entrando e saindo.

Existem quatro pontos a serem observados. Sentado em silêncio, simplesmente comece a observar a respiração, a senti-la. A inspiração é o primeiro ponto. Depois, por um instante, assim que o ar entrou nos pulmões, ele pára — é uma pausa muito pequena, por um décimo de segundo a respiração pára; esse é o segundo ponto a observar. Então você expira e o ar sai dos pulmões; esse é o terceiro ponto. E, novamente, quando o ar já foi totalmente expelido, por um décimo de segundo a

VIPASSANA 187

respiração se interrompe. Esse consiste no quarto ponto. Então a respiração começa novamente... esse é o ciclo da respiração. Se você conseguir observar esses quatro pontos, ficará surpreso, admirado com o milagre de um processo tão simples — porque a mente não está interferindo.

Observar não é uma qualidade da mente; observar é uma qualidade da alma, da consciência. Observar não é absolutamente um ato mental. Quando você observa, a mente pára, deixa de existir. Sim, no começo você se distrairá muitas vezes e a mente interferirá e começará a fazer seu joguinho de sempre. Mas, assim que perceber que se distraiu, não há necessidade nenhuma de se sentir culpado ou de se condenar — basta que volte a observar; sempre que se distrair, volte a observar a respiração. Aos poucos, a mente começará a interferir cada vez menos.

E, quando você conseguir observar sua respiração por 48 minutos ininterruptos, você se tornará iluminado. Você ficará surpreso — só por 48 minutos? Porque você não acha que isso seja muito difícil... só 48 minutos! Mas é bem difícil. Bastam 48 segundos para que você se torne vítima da mente várias vezes! Tente com um relógio à sua frente; no começo você não vai conseguir se concentrar nem por sessenta segundos. Em sessenta segundos, isto é, num minuto, você cochilará muitas vezes. Esquecerá tudo acerca de observar — o relógio e a observação ficarão totalmente esquecidos. Alguma idéia fará com que sua mente vague para bem longe; então de repente você percebe... você olhará o relógio e dez segundos terão se passado. Por dez segundos você deixou de observar.

Mas, bem devagar — você pega o jeito; não é uma questão de prática, mas de pegar o jeito — bem lentamente você assimila a coisa toda. Porque esses poucos momentos em que você manteve a atenção plena têm tamanha beleza, trazem tanta alegria, que, depois que os experimentou, você vai querer repetir essa experiência vezes sem conta — por

188 CONSCIÊNCIA

nenhum motivo em especial, apenas pelo prazer de estar presente, atento à respiração.

Lembre-se, não se trata do mesmo processo que se faz na Ioga. Na Ioga, o processo é chamado de *pranayama*; ele é totalmente diferente; na verdade, é o oposto do que Buda chamou de vipassana. No *pranayama*, você respira profundamente, enche o pulmão cada vez mais, aumentando a quantidade de oxigênio; depois você esvazia os pulmões totalmente, eliminando todo o dióxido de carbono. Trata-se de um exercício físico — bom para o corpo, mas sem nenhuma relação com o vipassana.

No vipassana, você não muda o ritmo da sua respiração natural. Você não precisa respirar profundamente nem expirar de uma forma diferente da que expira normalmente. Deixe que a respiração aconteça da forma mais natural e normal possível. Toda a sua consciência tem de estar focalizada num só ponto, observando.

E, se você consegue observar sua respiração, consegue também observar outras coisas. Ao andar, você pode observar que está andando; ao comer, você pode observar que está comendo. Até que, finalmente, consiga observar que está dormindo. No dia em que conseguir observar que está dormindo, você será transportado para outro mundo. O corpo continuará dormindo e, interiormente, uma luz continuará brilhando com fulgor. Seu poder de observação continuará intacto. Daí em diante, durante 24 horas por dia haverá uma corrente subterrânea de observação. Você continuará ocupado com suas atividades... para o mundo exterior nada terá mudado, mas para você tudo será diferente.

Um mestre zen estava tirando água de um poço quando um devoto que ouvira sobre ele e viera de longe para vê-lo lhe perguntou: — Onde eu posso encontrar fulano, o mestre deste mosteiro? — Ele achou que esse homem era um criado, tirando água do poço... você não vai encontrar um buda tirando água de um poço, limpando o chão.

# VIPASSANA

*189*

O mestre riu e disse ao viajante: — Sou a pessoa que você procura.

O devoto mal pôde acreditar: — Ouvi muito sobre você, mas nunca passou pela minha cabeça que o encontraria tirando água de um poço.

O mestre respondeu: — Mas era isso que eu costumava fazer antes de me tornar iluminado. Tirar água do poço, cortar lenha... era isso que eu costumava fazer antes e é isso que faço agora. Sou muito bom nessas duas coisas: tirar água do poço e cortar lenha. Venha comigo, minha próxima tarefa é cortar lenha, observe-me!

O homem disse: — Mas, então, qual é a diferença? Antes da iluminação você costumava fazer essas duas coisas, depois dela você continuou fazendo as mesmas tarefas, então qual é a diferença?

O mestre riu e disse: — A diferença é interior. Antes eu fazia tudo enquanto dormia; agora faço tudo conscientemente, eis a diferença. As tarefas são as mesmas, mas eu já não sou o mesmo. O mundo é o mesmo, mas eu não sou o mesmo. E, como não sou mais o mesmo, para mim o mundo também não é mais o mesmo.

A transformação tem de ser interior. Essa é a verdadeira renúncia: o mundo de antigamente não existe mais porque o ser de antigamente também não existe mais.

# CAPÍTULO 17

# A VIRADA NOTURNA

Os fenômenos do sonho e da observação plena são coisas totalmente diferentes. Basta fazer uma experiência: toda noite, ao se deitar, quando estiver meio dormindo, meio acordado, caia lentamente no sono enquanto repete para si mesmo: "Eu serei capaz de me lembrar do que estou sonhando."

Continue repetindo isso até cair no sono. Levará alguns dias, mas chegará um momento em que você ficará surpreso: depois que essa idéia tiver entrado profundamente no seu inconsciente, você conseguirá observar o sonho, sabendo que não passa de um sonho. Daí em diante ele terá domínio sobre você. Lentamente, à medida que seu poder de observação se aguça, os sonhos vão começar a desaparecer. Eles são muito tímidos; não gostam de ser observados. Só existem nas trevas da sua inconsciência. Quando a atenção plena traz luz a essa inconsciência, eles começam a desaparecer.

Continue, portanto, a fazer esse mesmo exercício e você acabará livre dos sonhos. E você ficará surpreso: livrar-se dos sonhos é algo que tem muitas implicações. Se os sonhos desaparecerem, durante o dia o diálogo mental será menor do que costumava ser. Em segundo lugar, você ficará mais no presente — não no passado, nem no futuro. Em terceiro lugar, sua intensidade, sua totalidade de ação aumentará.

A VIRADA NOTURNA                                          *191*

Sonhar é uma doença. Só é necessário porque o homem está doente. Mas, se conseguir se livrar completamente dos sonhos, você conquistará um novo tipo de saúde, uma nova visão. E parte da sua mente inconsciente ficará consciente, de modo que você terá uma individualidade mais forte. Faça o que fizer, você nunca se arrependerá, pois terá feito com tamanha consciência que o arrependimento será irrelevante.

A atenção plena é a maior mágica que você pode aprender, pois ela inicia a transformação de todo o seu ser.

* * *

Quando você começa a observar seus sonhos, descobre que existem cinco tipos de sonho. O primeiro tipo não passa de lixo — e milhares de psicanalistas concentram seu trabalho meramente nesse lixo. Ele é simplesmente inútil. Só acontece porque, ao longo de todo o dia, trabalhando o dia inteiro, você acumula muito lixo. Assim como o corpo acumula sujeira e precisa de um banho, precisa de uma limpeza, a mente da mesma forma acumula sujeira. E não há como dar um banho na mente, por isso ela tem um mecanismo automático para se livrar de toda a sujeira e de todo o lixo. O sonho nada mais é que a sujeira da qual a mente está se livrando — esse é o primeiro tipo de sonho — e ele consiste na maior parte do que você sonha; é quase noventa por cento. Quase noventa por cento dos sonhos são simplesmente lixo do qual a mente está se livrando. Não preste muita atenção neles. E, pouco a pouco, à medida que a consciência aumenta, você conseguirá distinguir o que é lixo.

O segundo tipo de sonho é uma espécie de realização de desejos. São muitas as necessidades, as necessidades naturais, mas os padres e os chamados professores de religião envenenaram a sua mente. Eles não deixam que você satisfaça nem mesmo suas necessidades básicas. Condenaram-nas completamente, e a condenação impressionou você. Por isso você deixa de atender a muitas das suas necessidades — essas necessidades ardentes precisam ser satisfeitas e o segundo tipo de sonho nada mais é do que a realização desses desejos. Seja o que for que você negue ao seu ser, por causa dos padrões e de pessoas que o envenenaram, a mente tenta realizar isso, de uma maneira ou de outra, por meio dos sonhos.

Mas a pessoa precisa olhar para a necessidade, não para o significado do sonho. O significado está relacionado com a mente consciente; a necessidade, com o inconsciente — e é assim que surge o segundo tipo de sonho. Você continua ignorando suas necessidades, então a mente continua a satisfazê-las por meio dos sonhos. Você leu grandes obras e foi envenenado pelos pensadores; eles moldaram sua mente de acordo com certos padrões. Você não está mais aberto à existência em si; as filosofias o cegaram — então você começa a ignorar suas necessidades. Elas precisam vir à tona, emergir durante o sonho, pois o inconsciente só sabe uma coisa: o que é preciso para que o ser se sinta realizado. Então o inconsciente força a si mesmo a sonhar. Esse é o segundo tipo de sonho; extremamente significativo para que possamos entender o que é o sonho e meditar sobre ele. Pois o inconsciente está tentando se comunicar com você: — Não seja tolo! Você vai sofrer por causa disso. Não deixe seu ser à míngua. Não seja um suicida, não continue a cometer um suicídio lento ignorando suas necessidades.

Lembre-se, os desejos estão relacionados à mente consciente e as necessidades, ao inconsciente. E a diferença entre eles é extremamente significativa.

Os desejos estão relacionados à mente consciente — o inconsciente não conhece desejos, ele não está preocupado com desejos. O que é um desejo? O desejo vem do pensamento, da educação, do condicionamento. Você gostaria de ser o presidente do país — o inconsciente não dá a mínima para isso. Ele não está interessado em ser o presidente do

# A VIRADA NOTURNA

*193*

país, está interessado somente em ser uma unidade orgânica satisfeita, realizada. Mas a mente consciente diz: "Torne-se presidente e se para isso você precisar sacrificar seu amor, então sacrifique. Se tiver de sacrificar seu corpo — sacrifique. Se tiver de sacrificar suas horas de descanso — sacrifique. Primeiro torne-se presidente do país." Ou acumule uma fortuna — essa é a mente consciente. O inconsciente nem sabe o que é fortuna, ele só conhece o que é natural. Está fora do alcance da sociedade; é como os animais ou os pássaros, ou como as árvores. O inconsciente não foi condicionado pela sociedade, pelos políticos. Ele continua puro.

Observe o segundo tipo de sonho, medite sobre ele e você descobrirá do que precisa. Satisfaça essas necessidades e não dê a mínima para os desejos. Se você de fato quiser viver em bem-aventurança, satisfaça as necessidades e não dê a mínima para os desejos. Se quiser ter uma vida miserável, ignore as necessidades e siga os desejos.

É assim que você se torna uma pessoa infeliz. Trata-se de um simples fenômeno, o fato de ser infeliz ou bem-aventurado — trata-se pura e simplesmente de um fenômeno. O homem que leva em consideração suas necessidades e as satisfaz é assim como um rio que flui para o mar. O rio não quer saber se flui para o leste ou para o oeste, ele simplesmente busca um caminho. Não faz diferença se ele vai para o leste ou para o oeste. O rio que flui para o mar não conhece desejos; ele só conhece suas necessidades. É por isso que os animais parecem tão felizes — como pode? Não têm nada e são tão felizes. E você? Como pode ter tantas coisas e ser tão infeliz? Até mesmo os animais superam você em termos de beleza e de felicidade. Como pode? Os animais não têm uma mente consciente para controlar e manipular o inconsciente; eles não estão divididos.

O segundo tipo de sonho pode revelar muito sobre você. Com ele você começa a mudar sua consciência, começa a mudar seu comportamento, começa a mudar o padrão da sua vida. Dê ouvidos às suas necessidades, seja o que for que o inconsciente esteja lhe dizendo.

Nunca se esqueça: o inconsciente está certo, pois ele tem a janela das eras. Milhões de vidas você já viveu; o consciente pertence apenas a esta vida. Ele foi educado em escolas e universidades, e pela família e pela sociedade em que você nasceu — em que, por coincidência, você nasceu. Mas o inconsciente carrega todas as experiências de todas as suas vidas. Carrega a experiência de quando você foi uma rocha, carrega a experiência de quando você foi uma árvore, carrega a experiência de quando você foi vários animais — carrega tudo, todo o passado. O inconsciente é extremamente sábio, e o consciente é extremamente idiota — não poderia ser diferente, pois o consciente só pertence a esta vida, é muito pequeno, não tem nenhuma experiência. Ele é muito infantil. O inconsciente é sabedoria eterna. Ouça o que ele diz.

Toda a psicanálise do Ocidente está preocupada em fazer uma coisa apenas: analisar o segundo tipo de sonho e mudar os padrões da sua vida de acordo com ele. A psicanálise ajudou muita gente. Ela tem suas próprias limitações, mas tem também sua utilidade, pois só o fato de levar em conta o segundo tipo de sonho já faz com que a sua vida fique mais descontraída, não tão cheia de tensão.

E existe também um terceiro tipo de sonho. Esse terceiro tipo é uma comunicação do superconsciente. O segundo tipo é uma comunicação do inconsciente. O terceiro tipo é muito raro, pois nós perdemos todo o contato com o superconsciente. Mas, mesmo assim, ele ainda se comunica, pois o superconsciente é seu. Talvez ele tenha se tornado uma nuvem que evaporou e foi para o céu, talvez a distância seja muito grande, mas ele ainda está ancorado em você.

A comunicação que o superconsciente faz é raríssima. Só quando você fica extremamente alerta é que você começa a senti-lo. Do contrário, suas mensagens se confundem com o lixo que a mente descarta por

## A VIRADA NOTURNA

meio dos sonhos e com os desejos que ela continua realizando também por meio deles — coisas incompletas, reprimidas. Essas mensagens ficam perdidas. Mas, quando você fica consciente, o superconsciente é como um diamante reluzente — absolutamente diferente de todas as outras pedras.

Quando você conseguir sentir e identificar um sonho originário do superconsciente, observe-o. Medite sobre ele, pois ele lhe servirá de orientação e levará você ao seu mestre. Esse sonho lhe mostrará o caminho que mais se afina com você nesta vida, aquele que o levará à disciplina certa. Esse sonho se tornará um profundo guia interior. Por meio da consciência, você poderá achar um mestre, mas esse mestre não passará de um professor. Por meio do inconsciente, você também poderá achar um mestre, mas esse mestre não passará de um amante — você se apaixonará por uma certa personalidade, por um certo tipo. Só o superconsciente pode levar você ao mestre certo. Esse mestre não será um professor; você não ficará fascinado com o que ele diz, não ficará fascinado com o que ele é. Pelo contrário, o superconsciente o leva a perceber que essa pessoa combinará perfeitamente com você, proporcionará a você a melhor possibilidade de crescimento e poderá representar o solo fértil onde você crescerá.

E existe também um quarto tipo de sonho, que vem das vidas passadas. Não é muito raro — ele ocorre muitas vezes. Mas tudo é uma bagunça dentro de você; você não consegue distinguir uma coisa da outra. Você não está nem mesmo presente para fazer qualquer distinção.

No Oriente, nós nos dedicamos muito à investigação desse tipo de sonho. Foi por causa dele que nos demos conta do fenômeno da reencarnação. Por meio desses sonhos, você, pouco a pouco, toma consciência das suas vidas passadas — você retrocede, volta no tempo. Então muitas coisas começam a mudar dentro de você — pois, se consegue lembrar, mesmo em sonho, quem você foi no passado, muitas coisas se

196  CONSCIÊNCIA

tornam insignificantes e outras passam a fazer sentido. Todo o padrão muda, sua *gestalt* muda.

Por ter acumulado uma grande fortuna numa vida passada, você foi enterrado com a pompa do homem mais rico do país, embora lá no fundo se sentisse um miserável — e está fazendo o mesmo nesta vida. De repente a *gestalt* muda. Se você conseguir se lembrar do que fez e como tudo acabou em nada — se conseguir se lembrar de muitas vidas, das muitas ocasiões em que fez as mesmas coisas vezes e vezes seguidas; você é como um disco riscado, um círculo vicioso, que começa e acaba do mesmo jeito — se conseguir lembrar um pouco das suas vidas, você ficará surpreso ao constatar que nunca fez nada de novo. Vida após vida você acumulou fortuna; vida após vida tentou ser um político poderoso; vida após vida se tornou um homem de extrema cultura. Vida após vida você se apaixonou e sofreu toda a amargura que o amor traz consigo... quando você vê essa repetição, não consegue mais continuar fazendo as mesmas coisas. Então esta vida é repentinamente transfigurada. Você já não consegue seguir a mesma rota.

É por isso que, no Oriente, as pessoas têm perguntado há milênios: "Como se livrar desta roda de vida e morte?" Parece ser a mesma roda, parece a mesma história vivida várias e várias vezes — uma repetição. Se não a conhece, você acha que está fazendo coisas novas e fica entusiasmado. E eu posso ver que você continua fazendo sempre as mesmas coisas.

Nada é novo nesta vida; ela é uma roda. Faz sempre o mesmo percurso. Você continua alheio ao passado, eis a razão do seu entusiasmo. Depois que se lembrar, todo esse entusiasmo vai embora. Nessa lembrança acontece o *sannyas*.

*Sannyas* é o empenho para se livrar do sulco feito pela roda, é o empenho para sair dessa roda. É quando você diz a si mesmo: "Agora chega! Não vou mais fazer parte dessa tolice de sempre. Vou me livrar

# A VIRADA NOTURNA

disso!" *Sannyas* é um pulo perfeito para fora da roda — não para fora da sociedade, mas sim para fora da sua própria roda interior de vida e morte.

Esse é o quarto tipo de sonho.

E existe um quinto tipo de sonho, o último deles — o quarto leva você para o passado, o quinto o leva para o futuro. Raro, extremamente raro — acontece só algumas vezes; quando você está muito vulnerável, aberto, flexível. O passado produz uma sombra, o futuro produz uma sombra, ela reflete em você. Se conseguir tomar consciência dos seus sonhos, um dia você também ficará consciente dessa possibilidade — de que o futuro se mostre para você. Então, de repente, uma porta se abre e o futuro se comunica com você.

Existem cinco tipos de sonho. A psicologia moderna só compreende o segundo tipo e muitas vezes o confunde com o primeiro. Os outros três tipos são quase desconhecidos.

Se você meditar e tomar consciência do seu ser interior nos sonhos, muitas outras coisas acontecerão. A primeira — pouco a pouco, quanto mais consciência tomar dos seus sonhos, menos convencido você ficará da realidade das suas horas de vigília. É por isso que os hindus dizem que o mundo é como um sonho.

O que acontece agora é justamente o contrário. Você está tão convencido da realidade do mundo nas suas horas de vigília que, enquanto sonha, você acha que esses sonhos também são reais. Durante o sonho, ninguém acha que o sonho seja irreal — durante o sonho, ele parece perfeito, parece absolutamente real. De manhã, evidentemente você pode dizer que tudo não passou de um sonho — mas isso não quer dizer muita coisa, pois desta vez uma outra mente estará em atividade. *Essa* mente não será, de modo algum, uma testemunha; *essa* mente ouviu meramente rumores. Essa mente consciente que desperta pela manhã e diz que tudo não passou de um sonho — ela não é absolutamente uma testemunha, então como pode dizer alguma coisa? Ela simplesmente ouviu rumores.

É como se você estivesse dormindo e, ao seu lado, duas pessoas conversassem. Como elas falam em voz alta, durante o sono, você ouve um pouco do que dizem e guarda consigo uma vaga lembrança da conversa. É isso o que acontece — enquanto o inconsciente cria sonhos, e uma atividade frenética ocorre ali, o consciente está dormindo e só capta alguns rumores. Aí pela manhã ela diz: — Nada disso aconteceu de verdade. Tudo não passou de um sonho.

Neste momento, você acha que todos os seus sonhos são reais. Mesmo coisas absurdas parecem reais, coisas totalmente sem lógica parecem reais, pois o inconsciente não conhece a lógica. No sonho, você anda pela rua, vê um cavalo se aproximando e ele de repente deixa de ser um cavalo e se transforma na sua mulher. E nada acontece na sua mente, ela não pergunta "Como isso é possível? Como um cavalo pode se transformar de repente na minha mulher?" Não surge nenhum problema, nenhuma dúvida. O inconsciente nunca tem dúvidas. Até mesmo o fenômeno mais absurdo é aceito; você está convencido da realidade.

Acontece justamente o oposto quando você está consciente dos seus sonhos e percebe que eles são apenas sonhos — nada é real, só um drama mental, um psicodrama. Você está no palco, é o ator e o autor da história também. Você é o diretor, o produtor e o espectador — não há mais ninguém ali, tudo não passa de uma criação da mente. Quando você se dá conta disso, este mundo todo que existe enquanto você está acordado muda de figura. Então você vê que aqui, neste mundo, acontece exatamente o mesmo — num palco muito maior, embora o sonho seja o mesmo.

Os hindus também chamam este mundo de *maya* — ilusório, onírico, um produto da mente. O que eles querem dizer com isso? Querem dizer que ele é irreal? Não, este mundo não é irreal — mas

A VIRADA NOTURNA

199

quando a mente se mistura com ele, você cria um mundo irreal que é só seu. Nós não vivemos no mesmo mundo; cada pessoa vive em seu mundo particular. O número de mundos é tão grande quanto o número de mentes. Quando os hindus dizem que esses mundos são *mayas*, querem dizer que a realidade acrescida da mente é *maya*. A realidade, do modo como é de fato, nós não conhecemos. A realidade acrescida da mente é ilusão, *maya*.

Quando alguém está totalmente desperto, é um buda, ele conhece a realidade *desprovida* da mente. Nesse caso ela é a verdade, o *brahman*, o definitivo. Adicione a mente e tudo se torna um sonho, pois a mente é quem cria os sonhos. Sem ela, nada pode ser um sonho; só a realidade permanece, em sua pureza cristalina.

A mente é exatamente como um espelho. No espelho, o mundo se reflete. Esse reflexo não pode ser real, ele é só um reflexo. Quando o espelho não está mais ali, o reflexo desaparece — e você passa a ver o real. Uma lua cheia, um lago silencioso; a lua se reflete no lago e você tenta tocá-la. É isso o que as pessoas fazem ao longo de muitas vidas — tentar tocar a lua na superfície espelhada do lago. E é claro que você não vai conseguir — você não pode conseguir, isso não é possível. É preciso esquecer o lago e olhar na direção oposta. A lua existe. A mente é o lago em que o mundo torna-se ilusório. Se você sonha com os olhos fechados ou abertos, isso não faz nenhuma diferença — se a mente está presente, tudo o que acontece é sonho.

Essa será a primeira coisa que você perceberá se meditar sobre os sonhos.

E a segunda será o fato de que você é uma testemunha: o sonho existe, mas você não faz parte dele. Você não faz parte da sua mente, você é uma transcendência. Você está na mente, mas não é a mente. Você olha através dela, mas não é ela. Você usa a mente, mas não é ela. De repente, você é uma testemunha — não é mais a mente.

## 200 CONSCIÊNCIA

E esse testemunho é a realização final, definitiva. A partir daí, se o sonho surgir enquanto você está dormindo ou enquanto está acordado, isso não fará diferença — você continuará sendo uma testemunha. Você continuará neste mundo, mas o mundo não poderá mais invadir você. As coisas estarão lá, mas a mente não estará nas coisas e as coisas não estarão na mente. De súbito, a testemunha entra em cena e tudo se transforma.

Fica tudo extremamente simples depois que você pega o jeito. Antes disso, parece muito difícil, quase impossível — como ficar acordado enquanto sonha? Parece impossível, mas não é. Vai demorar de três a nove meses, se, toda noite, quando estiver caindo no sono, você tentar ficar alerta e observar.

Mas, lembre-se, não tente ficar alerta no sentido *ativo*; do contrário você não conseguirá cair no sono. Vigilância passiva — descontraída, natural, relaxada, olhando só pelo canto do olho. Nada de ficar muito ativo — basta uma consciência passiva, sem muita preocupação. Sente-se à margem e deixe o rio fluir enquanto você só observa. Leva de três a nove meses. Então, um belo dia, o sono aparece como uma tela negra, como uma cortina escura — como se o sol tivesse se posto e a noite caísse. Ela envolve tudo à sua volta, mas lá no fundo uma chama continua acesa. Você está observando — em silêncio, passivo. Então começa o mundo dos sonhos. São representadas muitas peças, muitos psicodramas, e você continua observando. Pouco a pouco, você começa a fazer certas distinções — agora você pode identificar o tipo de sonho de que se trata. E, de repente, um dia você percebe que o mesmo acontece enquanto você está acordado. Não existe diferença nenhuma. O mundo todo tornou-se ilusório. E, quando o mundo é ilusório, só a testemunha é real.

# POSFÁCIO

# PENDURADO POR UM FIO

Conta-se uma antiga história na Índia: Um grande sábio mandou seu maior discípulo à corte do rei Janak, para que pudesse aprender uma lição de que o jovem precisava.

O jovem disse ao mestre: — Se você não pode me ensinar, como poderá esse homem, Janak? Você é um grande sábio, ele é só um rei. O que ele sabe sobre meditação e consciência?

O grande sábio respondeu: — Apenas siga minhas instruções. Procure-o e curve-se diante dele com reverência; não seja presunçoso, achando que você é um saniasin e ele é só um chefe de Estado como qualquer outro, que vive no mundo, é mundano e você, espiritualizado. Esqueça tudo isso. Estou mandando que o procure para que ele possa ensiná-lo, portanto, neste momento, ele é seu mestre. E eu sei, tenho tentado aqui, mas você não consegue entender por que precisa de um contexto diferente para que isso seja compreendido. A corte de Janak e seu palácio darão a você o contexto certo. Vá simplesmente e o trate com reverência. Por alguns dias, ele me representará.

Com muita relutância, o jovem foi. Ele era um *brahmin*, de casta elevada! E Janak, o que era? Ele era rico, tinha um grande reino, mas o que poderia ensinar a um *brahmin*? Os *brahmins* sempre acham que podem ensinar às pessoas. E Janak não era um *brahmin*, era um *kshatriya*, a casta dos guerreiros da Índia. Eles eram considerados inferiores aos *brahmins*; os *brahmins* eram superiores, os primeiros, a casta mais elevada. Curvar-se a esse homem? Isso era inaceitável! Um *brahmin* curvando-se a um *kshatriya* é algo que vai contra a mentalidade indiana.

Mas o mestre tinha mandado e era preciso obedecer. Com muita relutância ele foi e se curvou diante do rei. E, quando o cumprimentou com uma reverência, sentiu uma grande raiva do mestre, pois aos seus olhos essa cena lhe pareceu vexatória. Uma linda mulher dançava na corte, as pessoas tomavam vinho, e Janak estava sentado em meio a esse grupo. O jovem olhou tudo com desaprovação, mas, mesmo assim, curvou-se diante do rei.

Janak riu e disse: — Você não precisa se curvar diante de mim, já que carrega em si tamanha condenação. E não seja tão preconceituoso antes de me conhecer melhor. Seu mestre me conhece bem, é por isso que ele o enviou para cá. Ele o mandou para que aprendesse algo, mas não é desse jeito que se aprende.

O jovem respondeu: — Não me importo. Ele mandou que eu viesse e eu vim, mas pela manhã partirei, pois não vejo como posso aprender alguma coisa aqui. Na verdade, se eu aprender alguma coisa com você, a minha vida inteira estará arruinada! Não vim aprender a beber vinho e a apreciar belas mulheres, dança e toda essa indulgência...

Ainda sorrindo, Janak disse: — Você pode partir pela manhã. Mas como está aqui e chegou tão cansado... pelo menos descanse esta noite e parta pela manhã. E, quem sabe, a noite pode se tornar o contexto de aprendizado pelo qual seu mestre o enviou a mim.

Isso lhe pareceu muito misterioso. Como a noite poderia ensinar algo a ele? Mas como não havia outro jeito, o jovem resolveu não pensar mais naquilo. Ele ficou. O rei mandou que lhe reservassem os mais belos aposentos do palácio, os mais luxuosos. O rei acompanhou o jo-

# PENDURADO POR UM FIO

vem discípulo, certificou-se de que ele se alimentaria bem, teria um bom sono e só o deixou quando o jovem foi para a cama.

Mas o discípulo não conseguiu dormir a noite toda, pois quando olhou para cima viu uma lâmina pendurada por um tênue fio, acima da sua cabeça. A qualquer momento a lâmina poderia cair e matá-lo. Ele não teve outra escolha senão permanecer acordado a noite toda, em vigilância, para evitar a iminente catástrofe. Pela manhã, o rei perguntou: — Achou a cama confortável, seus aposentos confortáveis?

O jovem respondeu: — Confortáveis!? Tudo era confortável, mas o que diz daquela lâmina? Por que me pregou essa peça? Foi cruel! Eu estava cansado, vim a pé do ashram distante de meu mestre, na floresta, e você pregou essa peça cruel em mim! Que significa isso? Pendurar uma lâmina num fio tão delgado que tive receio de que uma simples brisa pudesse acabar com a minha vida. Eu não vim até aqui para morrer.

O rei respondeu: — Eu só quero lhe perguntar uma coisa. Você estava tão cansado que poderia ter dormido facilmente, mas não conseguiu pregar o olho. O que aconteceu? O perigo era grande, era uma questão de vida ou morte. Por isso você ficou alerta, vigilante. Esse é o meu ensinamento. Agora você pode ir. Ou se quiser poderá ficar mais alguns dias e me observar.

"Embora eu estivesse sentado lá, na corte, onde uma bela mulher dançava, eu estava consciente da lâmina sobre a minha cabeça. Ela era invisível; seu nome é morte. Eu não estava olhando para a dançarina. Assim como você não aproveitou o luxo dos seus aposentos, eu também não estava bebendo vinho. Estava apenas consciente da morte, que poderia assaltar-me a qualquer momento. Eu estava o tempo todo consciente da morte; por isso eu moro num palácio mas ainda sou um eremita. Seu mestre me conhece e me compreende. Ele compreende também meu modo de pensar. É por isso que ele mandou você para cá. Se viver aqui por alguns dias, poderá observar por si mesmo."

204 CONSCIÊNCIA

Você quer saber como ficar mais consciente? Fique mais consciente da preciosidade que é a vida. A morte pode chegar a qualquer momento — ela pode bater à sua porta daqui a um minuto. Você pode continuar inconsciente se achar que vai viver para sempre — como ficar inconsciente se a morte estiver sempre próxima? Impossível! Se a vida é passageira, uma bolha de sabão, só uma alfinetada e acabou... como você vai ficar inconsciente?

Traga consciência para cada ato.

\* \* \*

Existem dois planos em você: o plano da mente e o plano da não-mente. Ou, deixe-me dizer em outras palavras, o plano em que você está só na periferia do seu ser e o plano em que você está no centro do seu ser.

Todo círculo tem um centro — você pode conhecê-lo ou não. Você pode nem sequer suspeitar que exista um centro, mas ele tem de existir. Você é uma periferia, você é um círculo — existe um centro. Sem o centro você não pode existir; seu ser tem um núcleo.

Nesse centro você já é um buda, alguém que já chegou em casa. Na periferia, você está no mundo — na mente, nos sonhos, nos desejos, nas preocupações, em meio a milhares de jogos. E você está em ambos.

Decerto haverá ocasiões em que por alguns momentos você será como um buda — a mesma graça, a mesma consciência, o mesmo silêncio; o mesmo mundo de beatitudes, de bem-aventurança, de bênçãos. Haverá momentos, lampejos do seu próprio centro — eles não podem ser permanentes; mais de uma vez você será arremessado de volta para a periferia. E se sentirá tolo, triste, frustrado; sem entender o sentido da vida — porque você vive em dois planos, no plano da periferia e no plano do centro.

Mas, paulatinamente, você conseguirá passar da periferia para o centro e do centro para a periferia sem grandes atropelos — assim como entra e sai de casa. Você não cria nenhuma dicotomia. Não diz: "Estou fora de casa; como vou voltar? Nem diz: "Estou dentro de casa; como vou sair?" Está ensolarado lá fora, quente e agradável — você se senta no jardim. Então começa a esquentar e você começa a transpirar. Agora a atmosfera deixa de ser agradável; começa a ficar desconfortável — você simplesmente se levanta e entra em casa. Ali está fresco; não é desconfortável. Agora, é dentro de casa que está agradável. Você continua assim, saindo e entrando.

Da mesma forma, o homem de consciência e entendimento passa da periferia para o centro e do centro para a periferia. Ele nunca fica parado em lugar nenhum. Vai do mercado para o mosteiro, da extroversão para a introversão — ele continua sempre em movimento, pois essas são as suas duas asas. Elas não estão uma contra a outra. Podem se equilibrar mesmo estando em direções opostas — elas têm de estar; se as duas asas estivessem de um lado só, o pássaro não conseguiria voar no céu. Elas têm de estar equilibradas, têm de estar em direções opostas, embora pertençam ao mesmo pássaro e sirvam a ele. O exterior e o interior do homem são as suas asas.

Isso não pode nunca ser esquecido, pois existe uma possibilidade... a mente tende a se fixar. Existem pessoas que estão presas no mercado; elas dizem que não conseguem se livrar dele; dizem que não têm tempo para meditar; dizem que, mesmo que tivessem tempo, não saberiam meditar nem acreditam que pudessem fazer isso. Dizem que são pessoas mundanas — como conseguiriam meditar? São materialistas — como poderiam meditar? Elas dizem: — Infelizmente somos extrovertidas; como nos voltar para dentro? — Elas optaram por uma asa apenas. E é claro que, se ficarem frustradas, isso é natural. Com apenas uma asa é certo que ficarão frustradas.

E também existem pessoas que ficam fartas do mundo e fogem dele, vão para mosteiros e para o Himalaia; tornam-se *sannyasins*, monges, começam a viver isoladas, obrigam-se a viver uma vida de introversão.

Elas fecham os olhos, fecham todas as portas e janelas, tornam-se como mônadas de Leibnitz — sem janelas —, e aí se cansam.

No mercado elas ficaram fartas, cansadas, frustradas. Aquilo já estava parecendo um asilo de loucos; elas não conseguiam encontrar descanso. Havia relacionamentos demais e férias insuficientes, não havia espaço para que fossem elas mesmas. Estavam se deixando levar pelas coisas e perdendo-se de si mesmas; estavam ficando cada vez mais materiais e menos espirituais. Estavam perdendo o rumo, perdendo a própria consciência de quem eram. Então elas fugiram. Fartas, cansadas, elas fugiram. Agora estão tentando viver isoladas, uma vida de introversão — cedo ou tarde se cansarão disso. Optaram por outra asa, mas mais uma vez por uma asa apenas. Esse é o caminho para uma vida desequilibrada. Elas caíram novamente no mesmo engano, mas no seu pólo oposto.

Não sou a favor de uma coisa ou outra. Eu gostaria que você chegasse ao ponto de conseguir ficar tanto no mercado quanto num estado meditativo. Eu gostaria que você se relacionasse com as pessoas, amasse, tivesse milhares de relacionamentos, porque eles enriquecem você — e ainda assim fosse capaz de fechar as portas e às vezes tirar férias de todos os relacionamentos... assim poderia se relacionar com o seu próprio ser.

Relacione-se com os outros, mas relacione-se também consigo mesmo. Ame os outros, mas ame também a si mesmo. Saia lá fora! — o mundo é lindo, cheio de aventuras! É um desafio enriquecedor. Não perca essa oportunidade — sempre que o mundo bater à sua porta e chamar você, saia! Saia sem medo — não há nada a perder, só a ganhar. Mas não se perca. Não continue até se perder; às vezes volte para casa; às vezes, deixe o mundo de lado — esses são os momentos de meditação. A cada dia que passa, se quiser viver em equilíbrio, você precisará equilibrar o exterior e o interior. Eles precisam ter o mesmo peso, assim o interior nunca ficará descompensado.

É isso que os mestres zen querem dizer com a frase: "Entre no rio, mas não deixe que a água molhe seus pés." Esteja no mundo, mas não seja do mundo. Esteja no mundo, mas não deixe que o mundo esteja em você. Quando for para casa, vá de fato para casa — como se o mundo inteiro tivesse desaparecido.

Hotei, um mestre zen, estava passando por uma vila. Ele era uma das pessoas mais belas que já caminharam sobre a terra e era conhecido pelas pessoas como "O Buda Risonho" ... ele vivia rindo. Mas às vezes ele se sentava sob uma árvore, nesta vila ele se sentou de olhos fechados sob uma árvore, sem rir, sem sequer um sorriso nos lábios, completamente calmo e introspectivo. Alguém então perguntou: — Você não está rindo, Hotei?

Ele abriu os olhos e disse: — Estou me preparando.

O interlocutor não conseguiu entender: — O que quer dizer com "se preparando"?

— Tenho de me preparar para rir — ele disse. — Tenho de me dar um descanso. Voltar-me para dentro, esquecer o mundo inteiro e voltar rejuvenescido para poder rir novamente.

Se quer realmente aprender a rir, você precisa aprender a chorar. Se não for capaz de chorar, de se desfazer em lágrimas, você não será capaz de rir. O homem que ri é também um homem que chora — é um homem equilibrado. O homem de alegria é também um homem de silêncio. O homem extasiante é também um homem centrado. Essas duas coisas andam juntas. O equilíbrio é fruto da união dos pólos. E é esse o objetivo.

**Para maiores informações: www.OSHO.com**

Nesse *site* abrangente, escrito em várias línguas, que inclui uma revista, palestras do Osho em áudio e vídeo, arquivos da biblioteca em inglês e híndi, além de muitas informações sobre meditações do Osho. Você também encontrará um calendário com os cursos oferecidos e informações sobre o Resort **OSHO**® de Meditação.

**OSHO** International Foundation
http://www.osho.com/oshointernational